Bentham, Jéremy

Défence de l'usure...

DÉFENSE

DE L'USURE.

❈

IMPRIMERIE DE GUIRAUDET,

RUE SAINT-HONORÉ, Nº 315.

❈

DÉFENSE

DE L'USURE,

OU

LETTRES SUR LES INCONVÉNIENTS DES LOIS,

QUI FIXENT

LE TAUX DE L'INTÉRÈT DE L'ARGENT,

PAR

JÉRÉMIE BENTHAM,

TRADUIT DE L'ANGLAIS SUR LA 4ᵉ ÉDITION;

SUIVI

D'UN MÉMOIRE SUR LES PRÊTS D'ARGENT,

PAR TURGOT,

ET PRÉCÉDÉ D'UNE INTRODUCTION

CONTENANT UNE DISSERTATION

SUR LE PRÊT A INTÉRÊT.

Paris,

MALHER ET COMPAGNIE,

ÉDITEURS DU CORPS DU DROIT FRANÇAIS

EN 2 VOL. IN-8.

PASSAGE DAUPHINE.

1828.

TABLE
DES MATIÈRES.

FIN DE LA TABLE.

INTRODUCTION.

La législation de tous les peuples de l'Europe fixe encore aujourd'hui le taux de l'intérêt de l'argent, et porte des peines plus ou moins sévè-res contre les prêteurs qui ne se renferment pas dans les limites de cette fixation. La France elle-même, malgré la position favorable dans laquelle elle s'est trouvée par suite de sa révolution, qui non seulement lui a donné l'occasion, mais qui encore l'a mise dans la nécessité de soumettre ses lois civiles et pénales à un nouvel examen, la France elle-même n'a pas purgé ses codes de cette disposition, et l'on peut voir chaque jour dans nos tribunaux de nouveaux exemples de condamnations pour délits d'usure. Malheureusement, l'opinion publique à cet égard ne se montre guère plus avancée que la loi, dont généralement encore elle paraît sanctionner les rigueurs.

Il y a long-temps déjà que les vices de cette partie de la législation ont été sentis et signalés : les premières critiques sérieuses à ce sujet se trouvent dans les écrits des économistes de l'école de Quesnay, et datent par conséquent du milieu du dix-huitième siècle. Depuis, ces critiques ont été reproduites avec tout le développement et toute la clarté qui pouvaient être nécessaires pour en démontrer la justesse. Cependant jusqu'à ce jour il leur a été impossible encore de trouver accès dans l'esprit de nos législateurs et de nos magistrats : il n'est pas de la destinée des théories de pénétrer si promptement dans la pratique.

Cependant l'ensemble d'idées auquel ces critiques appartiennent, c'est-à-dire la science de l'économie politique, paraît être enfin sur le point de triompher des préventions de la routine ; déjà nous la voyons exercer son influence sur la conduite des gouvernements. Le pays qui, par sa situation, semblait courir le plus de risques à expérimenter l'application des principes de cette science, vient de s'y confier franchement, autant au moins que la prudence nécessaire dans toute réforme et que les exigences légitimes d'intérêts nés sous l'empire d'autres principes pouvaient le comporter. Les autres gouvernements de l'Europe sont restés sous ce rapport bien en arrière de celui de la Grande-Bretagne ; néanmoins on peut remarquer une tendance assez prononcée de leur part, que cette tendance soit le résulat de la réflexion ou d'un entraînement instinctif à imiter l'exemple qui leur est donné.

Dans cet état de choses, il peut être utile de remettre sous les yeux du public, à l'égard des questions qu'embrasse l'économie politique, et qui sont depuis long-temps résolues dans le champ de la théorie, les discussions qui ont amené leur solution : par là on peut contribuer à hâter les réformes qui se préparent. C'est dans cette persuasion que le recueil suivant a été publié.

Le nom de Bentham est aujourd'hui trop connu, il occupe une place trop importante dans les discussions les plus graves qui se sont élevées depuis la fin du dernier siècle, pour nécessiter une apologie. Personne sans doute ne sera tenté de décliner, par rapport à la question qui nous occupe, la compétence de l'auteur des *Traités de législation*, de la *Théorie des peines et des récompenses*, et de tant d'autres écrits si justement estimés dans toute l'Europe.

L'argument qui, en dehors de la science, a été le plus fréquemment employé contre les lois qui limitent le taux de l'intérêt, et le seul peut-être qui ait acquis quelque popularité, a été tiré de la considération de la liberté individuelle, qui se trouve entravée par ces lois. Cet argument était bien de nature sans doute à ébranler le préjugé qu'il attaquait, et à en modérer la manifestation, mais non pas à satisfaire les esprits, qui sur aucun point particulier ne s'en sont jamais complétement payés, et qui, instinctivement au moins, ont toujours cherché les motifs de leur approbation ou de leur censure à l'égard des institutions qui ont été attaquées ou préconisées au nom de la liberté, dans les résultats pratiques de ces institutions, tels qu'ils pouvaient les concevoir.

Cette disposition instinctive des esprits, qui se révélait à l'égard des lois contre l'usure, était trop conforme aux vues théoriques de l'auteur, qui fait reposer la science de la législation sur le principe de *l'utilité,* et qui fait de ce principe le seul moyen à l'aide duquel on puisse apprécier la valeur des lois, pour qu'en attaquant celles dont il s'agit, il ne s'attachât pas principalement à montrer le vice de leurs résultats. Aussi, dans les lettres qu'on va lire, Bentham ne fait-il jouer qu'un rôle très secondaire à la considération de la liberté, et ne l'emploie-t-il, en quelque sorte, que comme un moyen littéraire. Ce n'est qu'après avoir mis en évidence la nullité de tous les arguments qu'il est possible d'imaginer en faveur des lois anti-usuraires, et après avoir montré que non seulement ces lois ne produisent pas les effets salutaires qu'on peut leur attribuer, mais qu'elles en ont de tout opposés, qu'il conclut à leur révocation. On trouvera dans la discussion à laquelle il se livre à ce sujet cette finesse d'analyse, cette précision, qui forment le caractère distinctif de tout ce qui est sorti de sa plume.

Environ vingt ans avant que Bentham entreprît de montrer l'absurdité et les inconvénients des lois contre l'usure, Turgot, le plus célèbre des disciples de Quesnay, s'était imposé la même tâche. Ses vues à cet égard se trouvent contenues dans un mémoire qu'il présenta au conseil d'état, n'étant encore qu'intendant de la province de Limoges, à l'occasion de troubles survenus dans le commerce de la ville d'Angoulême par suite des actions judiciaires que des débiteurs de mauvaise foi avaient intentées à leurs créanciers, qu'ils accusaient de leur avoir prêté à un taux usuraire. L'auteur demande dans ce mémoire la réforme des lois contre l'usure, et entreprend de justifier sa demande en montrant la futilité des raisons sur lesquelles ces lois se fondent, et les fâcheux effets qu'elles peuvent avoir, principalement par rapport au commerce. Cet ouvrage de Turgot n'est guère connu que du petit nombre des personnes qui s'occupent des sciences économiques: nous le remettons ici sous les yeux du public, parce qu'il nous paraît comprendre avec le traité d Bentham tout ce qui a été dit jusqu'ici de plus clair et de plus concluant sur la question de l'usure.

Il ne faut point oublier, en lisant ces deux traités, que le but spécial que s'y sont proposé leurs auteurs a été de montrer les vices de la législation anti-usuraire, et se garder de croire que l'un ou l'autre ait voulu présenter comme un état de choses désirable celui où l'intérêt de l'argent serait généralement élevé (1), ou bien

(1) Le passage suivant, que l'on trouve dans les *Réflexions* de Turgot *sur la formation et la distribution des*

que cette pensée ait présidé à la publication de
ce recueil. Si l'on y trouve parfois une sorte
d'apologie des taux élevés et de ceux qui les stipulent, il faut faire attention que l'apologie est
ici relative, quant aux personnes, à la rigueur
des lois ou à celle de l'opinion; et quant aux
conditions appelées usuraires, aux avantages

richesses, suffira pour montrer que tel n'était point en effet
le sentiment de cet écrivain : «On peut regarder le prix de
« l'intérêt, dit-il, comme une espèce de niveau au-des-
« sous duquel tout travail, toute culture, toute industrie,
« tout commerce cessent. C'est comme une mer répan-
« due sur une vaste contrée : les sommets des montagnes
« s'élèvent au-dessus des eaux, et forment des îles fertiles
« et cultivées. Si cette mer vient à s'écouler, à mesure
« qu'elle descend, les terrains en pente, puis les plaines
« et les vallons, paraissent et se couvrent de productions
« de toute espèce. Il suffit que l'eau monte ou s'abaisse
« d'un pied pour inonder ou pour rendre à la culture des
« plages immenses. C'est l'abondance des capitaux qui
« anime toutes les entreprises, et le bas intérêt de l'ar-
« gent est tout à la fois l'effet et l'indice de l'abondance
« des capitaux. »

que, dans l'état de société où ces conditions sont exigées et acceptées, elles peuvent offrir à ceux même sur qui elles paraissent peser.

En examinant la valeur des lois contre l'usure et de l'opinion qui les sanctionne, on est naturellement conduit à traiter une autre question qui semble se confondre avec celle-là, quoiqu'elle en soit cependant parfaitement distincte : nous voulons parler de celle que présente la nature même du prêt à intérêt, ou plutôt de l'intérêt. C'est ce qu'a fait principalement Turgot dans le mémoire que nous réimprimons. Nous adoptons sans restriction tout ce qui, dans ce mémoire ainsi que dans les lettres de Bentham, se rapporte directement à la critique des lois contre l'usure, co sidérées dans leurs effets sur ceux qu'elles paraisssent destinées à protéger; mais il n'en est pas de même des vues que contiennent ces deux écrits, et surtout le premier, sur le prêt à intérêt en lui-même et sur l'origine ou la base de l'intérêt, bien que ces vues, à quelques nuances insignifiantes près, soient encore celles qui dominent aujourd'hui dans les hauteurs de la science.

Nous exposerons sommairement ici quelques vues nouvelles sur cette importante question, qui, toute séparable qu'elle puisse être de celle qui se rapporte à la convenance ou à l'inconvenance des lois contre l'usure, s'y lie pourtant étroitement, et ne peut manquer de se présenter toutes les fois que celle-ci s'agite. Si ces vues sont adoptées, elles serviront à fixer le sens et la portée des apologies dont nous avons parlé, et pourront jeter un nouveau jour sur les fondements des préjugés sur l'usure, préjugés beaucoup plus anciens qu'on ne le croit généralement, quoiqu'ils ne se soient pas toujours montrés sous la même forme.

La question du prêt à intérêt et de l'intérêt a été couverte pendant long-temps des ténèbres les plus profondes. Dans les esprits les plus judicieux, les idées de prêt et d'intérêt étaient absolument confondues, identifiées avec l'idée d'argent; on empruntait, selon eux, pour avoir de l'argent, et tout était consommé pour l'emprunteur quand il avait reçu la somme d'argent qu'il avait demandée. Cette manière de voir n'était au surplus que la conséquence naturelle de l'opinion généralement répandue alors que l'argent était la seule richesse (1).

On peut rattacher, en grande partie, à cette manière d'envisager le prêt à intérêt et l'importance de l'argent, l'erreur qui, dans le même temps, faisait considérer le taux de l'intérêt comme étant déterminé par la quantité des métaux précieux dont se composent les monnaies. La coïncidence de la baisse de l'intérêt et de l'accroissement des métaux précieux en Europe semblait fournir un puissant argument en faveur de cette opinion ; on avait remarqué, par

(1) Cette opinion, si absurde aux yeux de tous ceux qui ont ouvert un livre d'économie politique, est encore aujourd'hui dominante dans les masses. Mais peut-on s'en étonner quand on voit tous les gouvernements de l'Europe continuer régulièrement à lui présenter chaque année l'hommage religieux de leurs balances du commerce?

exemple, que l'intérêt de l'argent, qui était généralement de 10 pour 100 avant l'exploitation des mines de l'Amérique, était tombé à 5 depuis cette époque. En s'appuyant sur ce fait, on raisonnait ainsi : La quantité de l'argent a doublé : sa valeur en conséquence a diminué de moitié, et voilà pourquoi on ne paie plus aujourd'hui, pour l'usage d'une même somme d'argent, que la moitié de ce qu'on payait autrefois. Mais on ne remarquait pas que la proportion dont on parlait n'existait point ; que la somme d'argent représentant l'intérêt avait diminué de valeur dans la même proportion que la somme d'argent représentant le capital, et qu'en conséquence, en ne payant que 5 francs d'intérêt au lieu de 10 pour une somme de 100 francs qu'on supposait n'avoir plus que la moitié de son ancienne valeur, on ne payait plus que le quart, et non pas la moitié de l'ancien intérêt. Cette singulière illusion a été celle de très grands esprits, de Locke, de Montesquieu, de Law ; on la retrouve même en partie chez les disciples de

Quesnay, et ce n'est que depuis Hume et Smith, auxquels nous renverrons nos lecteurs à ce sujet, qu'elle s'est complétement dissipée.

On a aujourd'hui des notions beaucoup plus saines sur le prêt et sur l'intérêt. Smith et tous les économistes qui l'ont suivi ont enfin démontré que ce que l'on empruntait et ce qu'on prêtait en réalité n'était point de l'argent, mais bien ce qu'il pouvait procurer ; que, dans les cas où les transactions de cette nature se faisaient sous la forme d'une somme d'argent, cette somme n'était qu'un intermédiaire, un acte de transport, pour ainsi dire, qui faisait passer d'une main dans l'autre les *capitaux* que le propriétaire ne jugeait pas à propos d'employer lui-même ; qu'enfin le loyer que payait l'emprunteur n'était pas le loyer d'une somme d'argent, mais bien celui des objets qu'il se procurait avec cette somme, et qu'en conséquence cette locution populaire, *intérêt de l'argent,* était radicalement fautive(1).

(1) Smith, liv. ii, ch. iv. — Say, liv. ii, ch. viii.

En effet, si un grand nombre de prêts à intérêt se font par l'intermédiaire de l'argent, beaucoup d'autres, plus nombreux encore, se font journellement sans le secours de cet intermédiaire ; et c'est ce qui arrive par exemple toutes les fois qu'un négociant ou un manufacturier livre à crédit à un autre négociant ou manufacturier, ou bien à un détaillant, les marchandises que l'industrie de celui qui reçoit le crédit lui rend directement nécessaires, l'intérêt dans ce cas s'exprimant sous le nom d'escompte.

Jusqu'ici les économistes ont constamment établi une distinction entre le prêt de ce qu'ils appellent les *capitaux*, et la location des fonds de terre. Mais sans apporter aucun changement au fond de leurs idées quant à ces deux espèces de transactions, on peut les considérer comme identiques, et en conséquence les comprendre sous une même dénomination générale, celle de *prêt à intérêt*, par exemple. C'est aussi ce que nous ferons, afin de faciliter l'intelligence de ce que nous nous proposons d'ajouter. Le *prêt à intérêt,* d'après l'extension que nous venons de lui donner, et sans sortir de l'ordre d'idées ou se trouvent les économistes par rapport aux éléments que nous y faisons entrer, serait donc susceptible d'être défini de la manière suivante, *location d'un instrument de travail.*

La question du prêt à intérêt au point où l'ont laissée les économistes se trouve sans doute fort éclaircie. On sait maintenant quelle est la véritable nature du prêt, et par conséquent de quoi l'on paie un intérêt, ou, si l'on veut, un loyer. Mais pourquoi paie-t-on un loyer? quelles sont les causes qui influent sur le taux de ce loyer?

Les économistes ont bien présenté plusieurs considérations sur la seconde de ces questions, mais ces considérations sont insuffisantes; elles ne rendent pas compte, par exemple, de ce fait général, qu'il suffit de signaler aujourd'hui pour que tout le monde le reconnaisse, savoir, la décroissance constante du prix de location des instruments de travail, terres et capitaux. C'est que, pour expliquer ce fait, il faut avoir résolu autrement qu'on ne l'a fait encore cette première question : *Pourquoi paie-t-on un loyer?* et qu'à cet égard, les économistes s'en sont tenus implicitement ou explicitement aux solutions que leur présentaient les anciennes théories sur la propriété, théories fondées ou sur le droit divin, ou sur le droit naturel, ou sur quelque conception, non moins absolue, d'utilité sociale, ou même encore sur ces trois bases combinées.

Il semble que M. Say ait voulu donner une explication plus positive de ce phénomène en le rattachant à la nature même des objets matériels qui donnent lieu à un loyer; objets qui, selon lui, sont doués d'une vertu productive, distincte de la vertu productive du travail humain, et qui leur donne une *valeur* virtuelle et cachée, indépendante de leur valeur actuelle et apparente.

Si ces expressions ne sont pas précisément celles dont se sert M. Say, elles nous paraissent au moins représenter fidèlement sa pensée. On en pourra juger par la citation suivante :

« Smith et ses partisans disent que le travail humain est le prix que nous avons originairement payé pour toute chose. Ils devaient ajouter qu'en achetant une chose quelconque, nous payons encore le *travail*, la *coopération* du capital employé pour la produire. — Ce capital, disent-ils, est lui-même composé de produits qui sont un travail accumulé. — J'en conviens ; mais je distingue la *valeur* du capital lui-même de la *valeur* de sa coopération ; de même que je distingue la *valeur* du fonds de terre de la *valeur* de sa coopération, la *valeur* d'un champ de la *valeur* de son loyer. De la même manière, quand je prête, ou plutôt quand je loue un capital de 1,000 francs pour un an, je vends moyennant 50 francs, plus ou moins, sa *coopération* d'une année ; et, nonobstant les 50 francs reçus, je n'en retrouve pas moins mon capital de 1,000 francs tout entier, dont je peux tirer le même parti que précédemment (1). Ce capi-

(1) Nous en demandons pardon à M. Say ; mais ceci ne veut dire autre chose, si ce n'est que l'ancien emprunteur

tal est un produit antérieur; le profit que j'en ai recueilli dans l'année est un produit nouveau et tout-à-fait indépendant du travail qui a concouru à la formation du capital lui-même.

« Il faut bien ensuite, quand, à l'aide d'un capital, un produit est achevé, qu'une partie de sa valeur paie le service du capital, aussi bien que le service industriel dont il est le fruit. Cette portion de la valeur du produit ne représente aucune partie de la valeur du capital, laquelle a été restituée tout entière, le capital étant sorti clair et net de l'œuvre de la production : cette même portion de la valeur du produit, qui paie le profit du capital, ne représente donc aucune part du travail qui a servi à former le capital lui-même.

« De ce qui précède il faut inévitablement tirer la conséquence *que le profit du capital, ainsi que celui du fonds de terre, est le prix d'un service qui n'est pas un travail humain, mais qui est néanmoins un s rvice productif,*

a payé 5o francs d'intérêt, et que le nouveau en paiera tout autant.

lequel concourt à la production des richesses, de concert avec le travail humain. » (1)

Nous demandons ce que c'est qu'une *valeur productive* distincte, indépendante du travail de l'homme, et qui pourtant ne produit rien sans le secours de ce travail. La terre produit d'elle-même, dira-t-on : oui, mais que produit-elle ? quelle importance, dans l'état actuel de la population et de ses besoins, peut-on raisonnablement attacher aux produits spontanés de la terre ? et ces produits, d'ailleurs, comment concevoir que l'homme puisse se les approprier autrement que par son travail ? Cependant veut-on appeler productive la valeur de la terre, la valeur même de tous les autres capitaux ? Soit, mais qu'on ne leur accorde qu'une seule valeur, et non pas deux. Quelle idée nette, par exemple, serait-il possible de se former de la valeur d'un fonds de terre, indépendamment de sa valeur productive ?

(1) *Traité d'économie politique*, liv. II, ch. VIII.

2.

Mais quand bien même cette distinction de *valeurs,* que nous croyons insoutenable, et qui nous paraît rappeler un peu les *vertus* cachées des ontologistes, viendrait à être admise, elle ne suffirait pas pour rendre compte du loyer ou de l'intérêt que l'emprunteur paie au prêteur : car il resterait toujours à savoir pourquoi la valeur du *service productif* du capital, *valeur indépendante du travail qui a concouru à la formation du capital lui-même,* appartiendrait plutôt à celui qui prête le capital qu'à celui qui l'emploie. Aussi, dans beaucoup d'occasions, M. Say a-t-il été naturellement conduit pour expliquer ce fait à se rejeter dans l'une des théories de la propriété dont il a été parlé plus haut.

Mais ces théories, comme nous l'avons dit déjà, ne sauraient offrir le moyen de résoudre le problème. Toutes sont absolues, et l'événement a prouvé que le fait que l'on cherche à expliquer par leur secours n'avait cessé de se modifier. Le droit divin et le droit naturel n'ont pu s'altérer, et cependant le droit de propriété, en tant que représenté par l'intérêt ou le loyer des instruments de travail, a toujours été en déclinant. C'est encore ici l'occasion de présenter à M. Say de nouveaux doutes sur la valeur productive des capitaux, considérée comme déterminant le prix de l'intérêt ou du loyer, puisqu'en effet cette valeur a dû plutôt s'étendre que s'amoindrir, et que cependant l'emprunteur l'a toujours payée de moins en moins cher au propriétaire.

La question de l'intérêt est au fond une question politique : le loyer des instruments de travail est l'expression de la combinaison sociale, envisagée dans son plus haut degré de généralité, qui a uni jusqu'ici les travailleurs aux non-travailleurs ; la décroissance que l'on observe dans le taux de ce loyer reconnaît pour première cause la décroissance du principe de cette combinaison sociale.

La société entière peut être considérée comme étant divisée en deux classes : l'une possédant actuellement les instruments du travail, terres et capitaux, et ne voulant pas ou ne sachant pas les employer; l'autre sachant et voulant les employer, et cherchant en conséquence à se les procurer. Jusqu'à présent la première de ces deux classes s'est constamment réservé une part du travail de la seconde en lui cédant *l'usage* des instruments dont elle était en possession. Cette part qu'elle s'est réservée a toujours été proportionnée à sa puissance politique. Elle a toujours été en diminuant à mesure que l'existence sociale de la classe des travailleurs a grandi et que son influence politique s'est étendue, ou autrement à mesure que les priviléges attachés à la personne des non-travailleurs propriétaires, ou au titre abstrait de propriété, se sont affaiblis. La relation qui a existé jusqu'ici entre ces deux classes, et les phases qui en marquent la durée, forment une série qui a pour premier terme l'esclavage complet des travailleurs, état dans lequel ceux-ci ne stipulent rien pour eux, et subissent sans débat les conditions que leur imposent les non-travailleurs, qui leur prennent tout ce qu'ils jugent à propos de leur prendre ; et pour dernier terme, le rapport qui existe aujourd'hui entre le prêteur et l'emprunteur, état de choses dans lequel les travailleurs sont admis à débattre avec les non-travailleurs la part qu'ils leur abandonnent sur le produit de leur travail, et où cette part se réduit à ce que nous appelons *intérêt, loyer, fermage* (1).

Chacun des progrès politiques de la classe des travailleurs, progrès qui toujours a été lié au

---

(1) Nous ne prétendons point ici faire le procès au passé ; nous constatons un fait, et nous observons la marche qu'il a suivie, afin de voir où il tend. Nous reconnaissons que la combinaison politique dont nous parlons, bien qu'assurément elle soit de nature aujourd'hui à blesser nos sentiments, a été la condition nécessaire du progrès des sociétés. Il suit de là qu'en désignant une classe d'hommes sous le titre de *non-travailleurs,* nous ne voulons pas dire que cette classe n'ait pas eu, *pendant un temps,* une utilité politique, mais seulement que, pendant ce temps-là même, cette classe n'exploitait pas par elle-même les instruments du travail ou de la production matérielle, mais les faisait exploiter à son profit.

développement général de la société, s'est ma-
nifesté par deux circonstances principales dans
lesquelles on trouve des causes immédiates de la
diminution des charges imposées aux travailleurs par les non-travailleurs, ou, pour nous
servir des termes dans lesquels la question se
présente ici plus particulièrement, de la baisse
progressive du loyer des instruments de travail.
Ces deux circonstances sont :

1° L'accroissement des richesses *dans les
mains des travailleurs.*

2° Le développement de la confiance générale, représenté dans les relations industrielles
par le développement et l'organisation du *crédit.*

On pourrait croire que les économistes ont
déjà signalé l'influence de la première de ces
circonstances lorsqu'ils ont dit que le taux de
l'intérêt était déterminé par la quantité des capitaux disponibles et *prétables,* et que ce taux
était naturellement bas dans le pays riches, et
élevé dans les pays pauvres. Mais, dans les ter-

mes généraux où ils parlent de l'augmentation des capitaux ou de l'accroissement des richesses, cette circonstance ne prouve rien nécessairement quant à la baisse de l'intérêt. Et en effet, en supposant, par exemple, que cet accroissement n'eût eu lieu jusqu'à présent que dans les mains des non-travailleurs, on ne verrait pas pourquoi le taux de l'intérêt aurait baissé. L'*offre* des capitaux serait bien devenue plus considérable; mais comme il est évident que le nombre des travailleurs s'est accru au moins dans la proportion des richesses, la *demande* de ces capitaux aurait dû nécessairement se tenir toujours à la hauteur de l'offre; et ainsi les effets de cette double concurrence, quant au taux de l'intérêt, se seraient constamment neutralisés.

Mais l'accroissement des richesses *dans les mains des travailleurs* présente un résultat tout différent.

En remontant à l'époque la plus voisine de l'esclavage, c'est-à-dire à celle où la propriété est à peu près nulle dans les mains des travailleurs, on voit ceux-ci dans l'obligation, presque absolue, de subir toutes les charges que les non-travailleurs jugent à propos de leur imposer. Ils ont bien sans doute la faculté légale de débattre leurs intérêts ; mais cette faculté est alors à peu près chimérique. Pour vivre il faut qu'ils travaillent. Or, en obtenant leur liberté, ils ne sont point entrés en possession des instruments qu'ils employaient dans l'état d'esclavage : ces instruments sont restés la propriété des anciens maîtres, auxquels la force en assure la libre disposition, et qui en conséquence ne consentent à en céder l'usage à la classe qui ne peut absolument s'en passer qu'aux conditions les plus dures que la nature d'une pareille position puisse permettre de dicter.

Mais lorsque les travailleurs, malgré les obstacles qui s'opposent d'abord à ce qu'ils puissent mettre en réserve une partie de leur travail, sont parvenus à acquérir la propriété d'une portion des instruments qui leur sont nécessaires, la faculté légale dont ils jouissent de débattre leurs intérêts avec les non-travailleurs commence à prendre de la réalité, et à leur obtenir de meilleures conditions. L'avantage de la position des travailleurs, à chaque progrès de la richesse dans leurs mains, peut s'exprimer ainsi :

Nécessité moins pressante d'emprunter, et faculté plus grande, en conséquence, de suivre l'impulsion de ce penchant naturel, de ce besoin impérieux, qui porte tous les hommes à améliorer leur sort autant qu'il est en leur pouvoir.

Les conditions imposées aux travailleurs par les non-travailleurs sont aujourd'hui moins onéreuses que jamais, ou, autrement, le loyer des instruments de travail est moins élevé qu'il n'a encore été. Ce n'est pas seulement parce que la richesse est en général plus grande de nos jours qu'à aucune autre époque, mais bien parce qu'elle a pris ce développement dans les mains des travailleurs. La richesse viendrait à décupler dans les mains des non-travailleurs, que l'on concevrait à peine que cette circonstance dût contribuer à faire baisser le loyer des instruments du travail.

Pour bien comprendre l'influence de la seconde circonstance que nous avons présentée comme une des causes immédiates de la baisse du taux de l'intérêt, savoir, *le développement de la confiance générale, représenté dans l'industrie par le développement et l'organisation du crédit*, il convient de reconnaître, comme les économistes, deux éléments dans le taux de l'intérêt : une prime d'assurance, garantissant en quelque sorte la solvabilité de l'emprunteur, et le *loyer* proprement dit.

La prime d'assurance peut être très élevée, et dans certains cas l'emporter sur le loyer : elle est proportionnée aux risques que court ou que croit courir le prêteur, soit en raison des circonstances générales, politiques ou industrielles, soit en raison des qualités et de la situation personnelles de l'emprunteur.

Cette distinction n'a rien d'arbitraire : son exactitude se démontre par les variations que subit d'un jour à l'autre le taux de l'intérêt, en raison des accidents politiques ou industriels, et par la différence que l'on remarque, dans les mêmes circonstances générales, entre le taux auquel traitent les premiers crédits et celui que paient les crédits inférieurs. Ainsi, lorsque aujourd'hui, par exemple, les uns obtiennent, moyennant 3 pour 100, des capitaux que les derniers ne peuvent se procurer qu'à 5 ou à 6, terme moyen, on peut dire que 3 pour 100 sont à peu près le taux réel du loyer, et que tout ce qui l'excède, dans les prêts qui se font à un taux supérieur, forme la prime d'assurance.

Il est bien évident qu'à mesure que la confiance s'établit et s'accroît dans les divers ordres de relations sociales, la partie du taux de l'intérêt qui forme la prime d'assurance que stipule le prêteur pour les risques auxquels il est exposé doit devenir de moins en moins élevée ; mais il convient d'observer cet effet de la confiance générale dans l'organisation du crédit, qui en constate les progrès dans les relations industrielles, et qui devient à son tour une cause puissante de leur extension.

L'organisation du crédit consiste dans l'interposition d'une classe spéciale de travailleurs, les banquiers, entre les prêteurs et les emprunteurs. L'objet de cette organisation est de porter les capitaux ou les instruments du travail dans les branches de l'industrie qui en ont le plus besoin, et dans les mains les plus capables de s'en servir utilement. Il résulte de cette seule fonction du crédit que ses agents sont appelés non seulement à diriger le travail, mais encore, jusqu'à un certain point, la conduite individuelle des travailleurs. Plus son organisation se perfectionne, et plus aussi cette double action se manifeste. Le perfectionnement du crédit s'opère dans une double direction, spécialisation et généralisation; c'est-à-dire d'une part par la subdivision toujours de plus en plus grande des *centres créditants*, jusqu'au point où cette subdivision correspondrait exactement à celle de l'industrie, et où par conséquent les agents directs du cré-

dit seraient le plus rapprochés possibles des circonstances qu'ils sont appelés à apprécier ; et,
d'autre part, par la subordination toujours de
plus en plus intime et régulière de ces centres
particuliers envers des centres plus étendus,
jusqu'au point où tous viendraient aboutir à un
centre général : ce qui donnerait pour résultat
la direction industrielle la plus efficace, fondée
sur la connaissance la plus parfaite du détail et
de l'ensemble des besoins de l'industrie.

L'organisation actuelle du crédit est bien loin
sans doute de présenter ce résultat : mais elle
tend sans cesse à s'en rapprocher.

Chacun de ses progrès, à cet égard, a pour
effet direct de faire baisser la prime d'assurance
comprise dans le taux total de l'intérêt, et cela
de deux manières : d'abord, parce qu'en déterminant une meilleure entente du travail, il diminue proportionnellement, et dans la réalité,
et dans l'opinion, les risques qui peuvent être
attachés aux conceptions industrielles ou résulter de l'incapacité de ceux qui sont appelés à

les exécuter, et ensuite parce que les agents du crédit, devenant toujours de plus en plus capables d'apprécier les circonstances personnelles des emprunteurs, ne sont point obligés, comme le prêteur isolé, de prélever sur tous indistinctement la prime d'assurance la plus élevée que puisse comporter la nature des risques provenant des personnes.

Mais ce n'est pas seulement sur la partie du taux de l'intérêt, représentant une prime d'assurance, que le développement de l'organisation du crédit exerce son influence. En facilitant directement les progrès de l'industrie, il donne chaque jour une nouvelle extension à la première circonstance dont il a été parlé, savoir, *l'accroissement des richesses dans les mains des travailleurs*, et ainsi contribue encore puissamment, bien que d'une manière indirecte, à faire baisser la seconde partie du taux de l'intérêt, ou le *loyer* proprement dit des instruments du travail.

En jetant un coup-d'œil général sur le passé,

on voit que le taux de l'intérêt a toujours été en diminuant.

En observant les faits dont il subit directement l'influence, on voit que ces faits, par le seul développement qui leur est propre, tendent encore à le faire diminuer.

De cette double investigation il est permis de conclure que l'intérêt, en tant que représentant le *loyer* des instruments du travail, tend à disparaître complétement, et que, des parties qui le composent aujourd'hui, la prime d'assurance est la seule qui doive rester, en se réduisant elle-même, par suite des progrès de l'organisation industrielle, sur la proportion des seuls risques qui peuvent être considérés comme au-dessus de la prévoyance et de la sagesse humaines.

Mais il faut bien se persuader que la disparition complète de l'intérêt présente des difficultés dont il est impossible de trouver la solution dans le développement isolé de l'industrie : c'est qu'au fond, comme nous l'avons dit déjà, la question de l'intérêt est une question politique.

On peut bien s'expliquer comment, par le seul progrès possible de l'industrie dans l'état de choses actuel, le taux de l'intérêt doit encore diminuer; mais pour concevoir d'une manière nette son entière extinction, il faut absolument supposer un nouveau progrès général de la société, ou autrement, une nouvelle combinaison politique des travailleurs et des non-travailleurs, combinaison qui, au cas particulier, aurait pour résultat une nouvelle constitution de la propriété. Cette révolution sans doute est inévitable, et il serait facile d'en démontrer la nécessité; mais il n'entre point dans le cadre que nous nous sommes tracé de nous arrêter à cette importante considération, dont le développement excéderait toutes les proportions de la question particulière qui nous occupe.

Le but principal que nous nous sommes proposé d'ailleurs en exposant les vues qui précèdent est maintenant atteint : on peut voir clairement, en effet, qu'en publiant des écrits qui attaquent les lois contre l'usure, nous n'avons

pas prétendu nous faire les apologistes d'un
état de choses où le taux de l'intérêt serait généralement élevé, mais seulement contribuer
par cette publication à faire révoquer des
lois qui, en tant qu'elles peuvent avoir quelque efficacité, ne font qu'aggraver le mal auquel
elles ont voulu remédier, et apporter des obstacles au progrès des causes qui seules peuvent
faire baisser le taux de l'intérêt.

La manière dont le prêt à intérêt vient d'être
considéré peut jeter de nouvelles lumières sur
le fondement des préjugés contre l'usure. Jusqu'ici on a généralement rapporté ces préjugés à
l'autorité de ce passage de l'Évangile : *Bene fa-
cite, et mutuum date, nihil inde sperantes;*
« Faites le bien et prêtez sans en attendre aucun
avantage. » (Saint Luc, chap. VI, verset 35.);
et à celle des premiers chrétiens, qui admettaient
entre eux la communauté des biens. Mais plusieurs écrivains, et Turgot principalement, ont
prouvé que dans tous les temps l'opinion populaire s'était montrée hostile envers les prêteurs à

intérêt, et que le christianisme n'avait fait que changer la formule de cette opinion. Si on admet ce que nous avons dit plus haut touchant la nature et l'origine du prêt à intérêt, il doit être évident que le préjugé contre l'usure n'est autre chose, dans sa source, que la protestation de la classe pauvre contre la classe riche ; c'est-à-dire, en remontant à l'époque où cette protestation peut avoir pris naissance, d'une classe opprimée et exploitée contre la classe qui l'opprimait et qui l'exploitait. Si depuis l'établissement du christianisme, et dans l'esprit de ceux qui ont été chargés d'interpréter et de développer les préceptes de cette religion, le prêt à intérêt a pris un caractère de criminalité qu'il n'avait point eu jusque là, c'est que le christianisme plus qu'aucune autre doctrine a représenté les intérêts du pauvre et adopté ses griefs. De là semble résulter une sorte d'apologie pour les théologiens qui ont prohibé le prêt à intérêt ; cependant, pour que cette apologie, qui, bien entendue , ne peut s'appliquer ici qu'à l'intention, se trouvât vraiment fondée, peut-être faudrait-il remonter aux premiers auteurs de la prohibition dont nous parlons, attendu qu'il est permis de penser que la plupart de ceux qui ont marché sur leurs traces ont été plutôt déterminés par des motifs superstitieux que par un sentiment de philanthropie religieuse.

Une dernière question se présente : Pourquoi l'opinion a-t-elle plutôt condamné les profits des prêteurs d'argent que ceux de toute autre classe de prêteurs? La réponse est facile : c'est d'abord parce que, l'argent étant considéré comme la richesse par excellence, et étant en conséquence l'objet principal de l'ambition de chacun, tout ce qui semblait ajouter aux difficultés de s'en procurer devait naturellement frapper les esprits beaucoup plus vivement que les circonstances qui paraissaient n'affecter que le prix des autres choses; et ensuite parce que, la plupart des prêts se faisant sous cette forme, c'était aussi presque toujours à l'occasion d'argent que les riches exerçaient leurs rigueurs sur le pauvre. Si dans la suite des temps l'opinion est devenue moins hostile envers les prêteurs d'argent, c'est que, d'une part, les charges du prêt sont devenues chaque jour de moins en moins pesantes, et que, de l'autre, les rigueurs dont la loi a armé le prêteur se sont aussi constamment modérées. Cette dernière considération a été très bien exposée par Turgot dans le mémoire qu'on va lire.

DÉFENSE

DE L'USURE.

<hr>

LETTRE PREMIÈRE.

✸

Crichoff, dans la Russie Blanche,
janvier 1787.

Au milieu des nombreuses apologies dont les diverses espèces de liberté ont été l'objet en Angleterre, et qui ont été reproduites en tant d'occasions, je ne me rappelle pas qu'il en ait paru une seule en faveur de la *liberté pour les individus de faire leurs conditions comme ils le jugent convenable, dans leurs transactions pécuniaires.* Une omission aussi générale, aussi universelle, m'a fait penser depuis long-temps, comme vous le savez, que cette innocente et modeste *liberté* avait été traitée avec une grande injustice.

Il me vient aujourd'hui la fantaisie de vous soumettre les raisons qui ont déterminé mon opinion à cet égard. Si vous les jugez de nature à produire un effet salutaire, vous pourrez les livrer à l'impression, et dans le cas contraire les jeter au feu, ce qui vous donnera moins de peine.

Le résultat de mes méditations sur cette matière se réduit pour moi à la proposition suivante, savoir, *que nul homme parvenu à l'âge de raison, jouissant d'un esprit sain, agissant librement et en connaissance de cause, ne doit être empêché, même par des considérations tirées de son avantage, de faire comme il l'entend tel marché que ce soit, dans le but de se procurer de l'argent, et que par conséquent personne ne doit être empêché de lui donner ce qu'il demande aux conditions qu'il veut bien accepter.*

Cette proposition, si elle était admise, renverserait d'un seul coup toutes les barrières que la *loi commune* et les *statuts* (1), dans leur sagesse réunie, ont élevées contre le *scandaleux péché* de l'usure, ou contre les délits désignés sous les noms si barbares de *champerty* et de *maintenance* (2), délits dont on entend si peu parler aujourd'hui.

Si dans cette occasion j'avais un adversaire individuel à combattre, ma tâche serait facile. Vous qui enchaînez les contrats, vous qui mettez des entraves à la liberté de l'homme, c'est à vous, dirais-je, de faire connaître les raisons sur lesquelles vous vous fondez pour en agir ainsi. Une règle générale dont personne encore n'a été assez dépourvu de sens pour contester la justesse, c'est que les contrats doivent être exécutés. Cette règle toutefois est sus-

(1) La législation anglaise se divise en deux branches : la loi *non écrite* ou *loi commune*, et la loi *écrite* ou *statutaire*. La première se compose des anciennes coutumes du royaume, et principalement de la jurisprudence des tribunaux et des décisions réglémentaires des juges. La seconde est tout entière formée des actes législatifs du parlement, appelés *statuts*. (*Note du traducteur.*)

(2) Voyez la lettre xii et la note qui s'y trouve jointe.

ceptible d'exceptions : il est possible que les mesures dont il s'agit constituent une de celles qu'exigent le bien-être et la sûreté de toute société ; mais, dans ce cas comme dans tous ceux de la même nature, c'est à celui qui réclame l'exception à en démontrer la nécessité.

Telle serait, dis-je, la manière brève et facile de raisonner avec un individu ; mais ce mode d'argumentation ne saurait être employé avec le public, qui n'a point d'organe pour répondre, ni de procureur spécial qui puisse se présenter pour lui et défendre en son nom *cette violence et ce dommage*. Il faut donc qu'à tout hasard je lui cherche des arguments et que je force mon imagination à créer des fantômes que je puisse combattre ensuite.

Les seules raisons qu'il me soit possible d'imaginer en faveur des restrictions imposées par les lois à l'espèce de *liberté* dont je me fais le défenseur se réduisent aux cinq suivantes :

1° Nécessité de réprimer l'usure (1) ;

(1) Il semble d'abord que cette raison comprend toutes les autres, et que, par conséquent, elle n'est point susceptible d'être discutée séparément ; mais elle n'a ici qu'un sens très limité. Bentham suppose que l'opinion favorable

2º Nécessité de réprimer la prodigalité ;

3º Nécessité de mettre l'indigence à l'abri de l'extorsion ;

4º Nécessité de réprimer la témérité des hommes à projets ;

5º Nécessité de protéger la simplicité contre la fraude.

Je vais examiner dans leur ordre la valeur de chacune de ces raisons.

aux lois contre l'usure puise un premier argument dans la défaveur elle-même attachée au mot *usure*, et qu'elle prend ainsi son point de départ dans une pétition de principe. C'est cet argument, c'est cette pétition de principe, qu'il a en vue sous ce titre. (*Note du traducteur.*)

LETTRE II.

PREMIÈRE RAISON SUPPOSÉE . NÉCESSITÉ DE RÉPRIMER L'USURE.

Je commence par la discussion de ce point, parce que je suis convaincu que dans le son lui-même du mot *usure* réside principalement la force de l'argumentation de mes adversaires, ou, pour parler plus exactement, de l'empire que l'opinion que je combats a établi sur l'imagination et les passions des hommes, ce qui est bien d'un autre poids que tous les arguments possibles.

L'usure est une mauvaise chose: comme telle, elle doit être réprimée. Les usuriers sont des hommes vicieux, très vicieux: comme tels, ils doivent être punis et anéantis. Ces propositions sont au nombre de celles que tous les hommes aujourd'hui se trouvent avoir reçues de leurs ancêtres, et auxquelles presque tous sont disposés à souscrire sans examen, ce qui est assez naturel, et même raisonnable, attendu que la plupart des hommes ne sauraient avoir ni le loisir ni les lumières nécessaires pour examiner dans leurs bases la centième partie des règles auxquelles ils se trouvent dans l'obligation de se conformer; mais cette excuse, fort bonne pour la masse du peuple, ne saurait s'étendre aux législateurs. De la part de ceux-ci on peut exiger un peu plus de curiosité.

Vous, mon ami, qui appréciez si bien la véritable valeur des mots, vous aurez déjà reconnu, j'en suis certain, que de dire que l'usure est une chose qui doit être réprimée, c'est tout uniment supposer résolu ce qui est en question. Je ne puis imaginer comme définitions possibles de l'usure que les deux suivantes : 1° stipulation d'un intérêt plus élevé que celui permis par la loi; cette définition peut être appelée *politique* ou *légale;* 2° stipulation d'un intérêt plus élevé que celui que l'usage a consacré dans les transactions pécuniaires; celle-ci peut être appelée *morale*, et c'est évidemment la seule qui puisse convenir là où la loi n'est point intervenue. Il est clair que, pour que l'usure puisse être prohibée légalement, il faut que la loi qui est destinée à fixer ou plutôt à remplacer la règle morale détermine d'une manière positive en quoi consiste l'usure. Dire que l'usure doit être prohibée, ce n'est donc dire autre chose, si ce n'est que l'intérêt le plus élevé qu'il soit permis de prendre doit être fixé par la loi, et que cette fixation doit être garantie par des peines, ou par toute autre espèce de moyens, s'il en existe, qui soient propres à prévenir les infractions. Une loi qui punit l'usure suppose donc d'abord une loi qui fixe le taux permis de l'intérêt. La convenance de la loi pénale dans ce cas dépend entièrement de la convenance de la loi simplement *prohibitive*, ou, si l'on veut, *déclarative*.

Il est encore évident qu'antérieurement à la coutume résultant des conventions particulières, l'usure ne peut avoir d'existence. Et en effet, comment déterminer, dans ce cas, quel est le taux d'intérêt qui nécessairement doit être le plus convenable? ou, en d'autres termes, comment assigner un prix naturel à l'usage de l'argent plutôt qu'à l'usage de toute autre chose? In-

dépendamment de la coutume, l'usure, considérée sous un point de vue moral, n'est donc point
susceptible de définition ; elle n'est pas même
concevable, et la définition que la loi prendrait
sur elle de donner de ce délit, dans une pareille
supposition , serait entièrement arbitraire. La
coutume est donc la seule base sur laquelle le
moraliste et le législateur puissent édifier, l'un
ses préceptes, et l'autre ses ordres. Mais quelle
base plus fragile et plus incertaine serait-il possible de donner à des mesures coërcitives qu'une
coutume qui n'a de fondement elle-même que
dans des conventions libres? Mes voisins, usant
de leur liberté , sont convenus, dans leurs transactions particulières, d'un certain taux d'intérêt;
mais il nous conviendrait, à moi, qui ai de l'argent à prêter , et à Titius, qui a besoin de cet
argent, de traiter à un intérêt un peu plus élevé : je demande comment il se pourrait faire
que la liberté dont ils usent devînt une raison
de nous priver de la nôtre?

L'aveugle coutume, règle arbitraire, et l'unique pourtant que l'on puisse prendre dans ce
cas, ne présente dans ses décisions rien de fixe ou
d'uniforme ; elle a varié de siècle en siècle dans
le même pays, elle varie de pays en pays dans

le même siècle, et l'on voit l'intérêt légal subir toutes ces variations. Quant aux temps passés, c'est principalement par l'intérêt légal que nous pouvons juger de celui que la coutume avait établi. Chez les Romains, jusqu'au temps de Justinien, on le voit porté jusqu'à 12 pour 100 (1); en Angleterre, jusqu'au temps de Henri VIII, nous le voyons à 10. Des statuts successifs le réduisirent d'abord à 8, ensuite à 6, et enfin à 5, où il est resté (2); il est encore aujourd'hui en

(1) Bentham ne parle ici que de l'intérêt légal. L'intérêt libre et celui auquel on traitait le plus communément était beaucoup plus élevé. On peut juger de ce que l'opinion permettait à cet égard chez les Romains, dans les derniers temps de la république, par un passage des lettres de Cicéron, cité par A. Smith, et qui nous apprend que Brutus prêta de l'argent en Chypre à 48 pour cent. Au surplus, le prêt à intérêt était bien loin d'avoir dans l'ancienne Rome ou dans l'ancienne Grèce l'importance qu'il a de nos jours, attendu qu'alors la plus grande partie des capitaux était directement exploitée par les esclaves de ceux qui en avaient la propriété. (*Note du traducteur.*)

(2) L'intérêt légal en France est fixé à 5 pour 100 dans les transactions civiles, et à 6 pour 100 dans les transactions commerciales. (*Note du traducteur.*)

Irlande à 6 pour 100, et à 8 dans les Indes Occidentales ; dans l'Indostan, où la loi à cet égard n'a posé aucune limite, le taux ordinaire le plus bas est de 10 à 12 (1). On m'a assuré qu'à Constantinople, 3o pour 100 dans certaines affaires était un intérêt fort ordinaire. Maintenant, de tous ces taux si différents, quel est le plus convenable ? Qui peut en décider dans chaque cas particulier, si ce n'est la convenance des parties, manifestée par leur consentement ? C'est la convenance qui a toujours établi la coutume en pareille matière : quelle vertu donc pourrait-on attribuer à la coutume qui en fît un guide plus sûr que la convenance qui lui a donné naissance ? et comment, dans un cas, cette convenance deviendrait-elle un guide plus mauvais que dans un autre ? Il me conviendrait à moi de donner 6 pour 100 pour me procurer de l'argent ; je voudrais traiter à ce prix. Non, me dit la loi, tu ne le feras pas. Et pourquoi ? Parce qu'il

(1) Smith nous apprend qu'au Bengale on prête souvent de l'argent aux fermiers à 4o, 5o et 6o pour 100 ; et on ne s'en étonnera point si l'on considère entre quelles mains se trouve placée la propriété dans ce pays. (Voyez l'Introduction de ce recueil.) (*Note du traducteur.*)

ne convient pas à ton voisin d'emprunter à plus de 5. Je demande s'il est possible d'imaginer rien de plus absurde qu'une pareille raison.

Le législateur est rarement intervenu dans la fixation du prix des marchandises autres que l'argent, et le peu qu'il ait jamais fait à cet égard se recommande beaucoup plus par la droiture de l'intention que par la rectitude du jugement ou le succès de l'entreprise. Placer de l'argent à intérêt, c'est échanger de l'argent actuel contre de l'argent futur. Il s'agirait de montrer maintenant comment un système universellement considéré comme absurde, en tant qu'appliqué aux échanges en général, pourrait être jugé nécessaire dans le cas de cette espèce particulière d'échange. Il n'existe point de dénomination spéciale, de marque d'infamie, pour celui qui tire le plus grand parti possible de l'usage qu'il concède de toute autre chose que de l'argent, d'une maison, par exemple; personne n'éprouve de honte à se conduire ainsi, et il n'est pas ordinaire de voir afficher la prétention contraire: comment donc se fait-il qu'un homme qui cherche à faire valoir une somme d'argent de la manière la plus

avantageuse, à en tirer 6, 7, ou même 10 pour
100, mérite plutôt, dans ce cas, le nom flétris-
sant d'usurier que dans celui où, achetant une
maison avec la même somme, il tirerait de ce
marché un bénéfice équivalent? J'avoue que,
pour mon compte, c'est ce que je ne saurais
comprendre.

Ce que je ne conçois pas davantage, c'est
pourquoi le législateur a plutôt limité le taux
de l'intérêt quant au *maximum* que quant au *mi-
nimum;* pourquoi il s'est plutôt montré hostile
envers la classe des propriétaires d'argent qu'en
vers toute autre; pourquoi il s'est plutôt proposé
de les empêcher de faire au-delà d'un certain
bénéfice que de les empêcher d'en faire un moindre; pourquoi en un mot il n'a pas tout aussi
bien porté des peines contre celui qui offrirait
moins de 5 pour 100 que contre celui qui accepterait un intérêt plus élevé. J'abandonne à
d'autres le soin de résoudre ces difficultés, car
pour moi c'est beaucoup plus que je ne saurais
faire. J'entrevois bien pourtant un argument que
les partisans de ce système pourraient tirer de
l'avantage imperceptible de faire baisser le prix
des marchandises, et par là d'augmenter dans
l'avenir les jouissances individuelles; mais cette

considération me paraît beaucoup trop délicate et beaucoup trop éloignée, pour qu'il me
soit possible d'admettre qu'elle ait pu servir de
fondement à la partialité que je signale.

LETTRE III.

✸

DEUXIÈME RAISON SUPPOSÉE : NÉCESSITÉ DE RÉPRIMER LA PRODIGALITÉ.

Après en avoir fini des *mots*, j'en viens avec plaisir aux propositions qui, en tant qu'elles sont fondées en point de fait, peuvent mériter le nom de *raisons*. Et d'abord voyous quelle est l'efficacité des lois restrictives dont nous nous occupons, quant à la répression de la *prodigalité*.

Que la prodigalité soit une mauvaise chose, à la bonne heure ; que le législateur doive se proposer de la réprimer, pourvu qu'à cet égard il se renferme dans des limites convenables, je n'ai point d'objections à faire à cela, au moins dans l'intérêt de la discussion actuelle. Je dirai toutefois que, si j'avais pour objet principal de réclamer l'intervention du législateur dans ce cas, je me croirais obligé d'exposer les raisons qu'il y a de penser qu'une personne tierce puisse être un juge compétent dans les affaires d'individus parvenus à l'âge de discrétion, et de montrer que la peine actuelle résultant pour le prodigue de la non-satisfaction de ses désirs doit être nécessairement moindre que la peine future qui résulterait pour lui de la misère où le réduiraient de folles dépenses (1). Pour nous empêcher de nous nuire réciproquement, il n'est malheureusement que trop nécessaire de nous donner des entraves : le grand intérêt de la tranquilité, et même de la conservation de la société, commande impérieusement ce sacrifice. Mais la même considération n'exige point qu'on

---

(1) Le grand *criterium* de la sagesse et de la convenance des lois, selon Bentham, est l'*utilité*, qualité qui s'apprécie dans chaque disposition légale par la proportion des *peines* et des *plaisirs* qui résultent de cette disposition, et par la supériorité de ceux-ci sur celles-là. (Voyez *Traités de législation*, par J. BENTHAM.) (*Note du traducteur.*)

conduise les hommes par des lisières pour les
empêcher de se nuire à eux-mêmes, encore
qu'une telle précaution puisse contribuer au bien-
être général. Cette sollicitude paternelle, ou si
l'on veut maternelle, peut être une fort bonne
œuvre, mais c'est assurément une œuvre de
surérogation.

Pour ma part, je déclare que je ne répugne
point à voir prendre des mesures contre la prodigalité, en tant qu'on en pourra trouver de convenables, et sans doute il en existe; mais je ne
saurais considérer comme étant de ce nombre
les restrictions qui font l'objet de cet examen.
Voici mes raisons.

En premier lieu, je pose en fait qu'il n'est ni
naturel ni habituel aux prodigues, en tant que
tels, de donner un taux d'intérêt supérieur
au taux ordinaire pour se procurer de l'argent.

Et d'abord vous conviendrez, j'espère, qu'aucun homme, prodigue ou non prodigue, ne
songe à emprunter pour dépenser, tant qu'il a à
lui de l'argent comptant ou des effets qu'il puisse
convertir sans perte en argent comptant. Or la
plupart des individus auxquels, dans un temps
donné, le reproche de prodigalité peut être applicable, se trouvent dans ce cas, et doivent

être considérés, par cette raison, comme étant en dehors de la question qui nous occupe.

Je soutiens ensuite qu'il n'y a personne, dans la Grande-Bretagne au moins, qui, ayant à donner des sûretés de la nature de celles sur lesquelles on prête communément au taux ordinaire le plus élevé, puisse se trouver dans l'obligation d'emprunter à un taux extraordinaire. Lorsqu'on voit tous les jours tant de gens offrir de l'argent à 5 pour 100, il serait en effet impossible de comprendre le motif qui pourrait déterminer un homme ayant des sûretés à offrir à emprunter à 6 pour 100, par exemple.

Vous direz peut-être que celui qui prête son argent sur des sûretés désire que les intérêts lui soient servis ponctuellement, sans avoir besoin, pour en obtenir le paiement, de s'exposer aux frais, aux hasards et à l'ennui d'un procès, et que sous ce rapport il vaut mieux traiter avec un homme rangé qu'avec un prodigue. En cela je tombe d'accord avec vous; mais si de là vous voulez conclure que le prodigue est dans la nécessité d'emprunter à un intérêt plus élevé que l'homme rangé, je ne suis plus de votre avis. D'abord je soutiens que ce n'est pas chose facile au préteur de juger du caractère de celui

qui lui emprunte , et de décider s'il est prodigue
ou économe. Pour résoudre cette question à l'é-
gard de quelque individu que ce soit, il faut
connaître, d'une part , le montant de ses ressources actuelles ainsi que la nature de ses espérances raisonnables, et d'autre part , le montant de
ses dépenses. Or ce sont là deux ordres de renseignements qu'il n'est pas facile de se procurer.
Quant à la bonté ou à la défectuosité de la garantie offerte , c'est tout autre chose. Ici tout
prêteur a un moyen prompt et bien connu, qui
est en même temps le plus satisfaisant que la nature des choses comporte, de savoir à quoi s'en
tenir : c'est d'aller trouver son homme d'affaires (*lawyer*). J'affirme qu'en pareil cas, c'est
toujours d'après l'avis d'un homme d'affaires, et
non par suite de leurs calculs sur les recettes et
les dépenses de ceux qui leur empruntent, que
les prêteurs se déterminent. Mais en supposant
même que la disposition d'un individu à la prodigalité soit aussi connue que possible, il se
trouvera toujours beaucoup de gens qui, tant
qu'ils trouveront des sûretés, seront plutôt
attirés que repoussés par cette disposition.
Tout le monde sait quel avantage peut offrir
une expropriation forcée, dans le cas d'une

hypothèque, et quiconque est au courant de ce qui se passe à la cour de chancelerie sait fort bien que cet avantage n'est pas peu recherché.

En un mot, tant que le prodigue a une valeur à engager ou à vendre, que cette valeur soit actuellement en sa possession ou qu'il n'y ait des droits que dans l'avenir, qu'elle soit certaine ou accidentelle, je ne vois pas qu'il puisse tirer le plus petit avantage des lois faites ou à faire, portant règlement du taux de l'intérêt. Car supposons que la loi soit efficace, et qu'en conséquence le prodigue ne trouve aucun de ces monstres appelés *usuriers* avec lequel il puisse traiter : s'arrêtera-t-il pour cela ? Non, sans doute ; il passera outre, et se procurera l'argent dont il aura besoin, en vendant ses droits, au lieu d'emprunter. Je dis qu'il passera outre : car, s'il a assez de prudence pour s'arrêter, ce n'est plus là l'homme auquel la sollicitude et la protection de la loi sont nécessaires. Il est donc clair que les lois limitant le taux de l'intérêt ne sauraient jamais être d'aucune utilité au véritable prodigue, et que, dans beaucoup de cas, au contraire, elles peuvent lui devenir préjudiciables, en lui ôtant le choix d'une ressource qui, quelque désavantageuse qu'on la suppose, ne saurait l'être beaucoup plus, et naturellement doit l'être moins, que celle qu'on lui laisse. Mais j'aurai occasion de revenir plus tard sur ce sujet.

J'arrive maintenant aux prodigues de la dernière classe, c'est-à-dire à ceux qui n'ont point de sûretés à offrir. Quant à ceux-ci, je ne pense pas qu'il leur soit plus facile de trouver de l'argent à un taux extraordinaire qu'à un taux ordinaire. Les amis d'un emprunteur de cette espèce, ou ceux qui se prétendent tels, ne peuvent, bien entendu, exiger de lui au-delà de l'intérêt d'usage, et tout homme indifférent ne doit consentir à lui prêter à aucune condition, cela est évident, s'il connaît le caractère et la position de l'emprunteur; mais quand bien même il ne les connaîtrait pas, la seule circonstance de l'impossibilité où il est de trouver un ami qui veuille lui confier son argent moyennant l'intérêt ordinaire sera pour lui, étranger, une raison suffisante de rejeter sa demande, puisque alors il lui sera démontré que dans l'opinion de ses amis cet homme est considéré comme insolvable.

Le seul moyen auquel les prodigues aient recours pour se procurer de l'argent, après avoir dissipé tout ce qu'ils possédaient, consiste à emprunter de leurs amis ou de leurs connaissances, à un intérêt modéré, ou le plus ordinairement sans intérêt, de petites sommes, telles que celui qui les prête puisse en faire le sacrifice, et pour lesquelles il n'oserait point demander de sûretés; et comme les prodigues ont en général des relations très nombreuses, cette circonstance étant à la fois la cause et l'effet de la prodigalité, la somme totale d'argent qu'un homme peut ainsi trouver le moyen de dépenser peut être considérable, bien que chaque somme empruntée soit de peu d'importance relativement à la fortune du prêteur. Ce moyen est celui que les prodigues ruinés emploient aujourd'hui sous le régime des lois contre l'usure, et serait le seul, je le maintiens, qu'ils pourraient employer si ces lois n'existaient pas.

Une autre considération, je l'espère, vous convaincra, si déjà vous ne l'êtes, de l'inefficacité de ces lois, en tant que répressives de la prodigalité : c'est la facilité qu'ont les prodigues, et qu'ils auront toujours tant que durera le crédit, et en dépit de toutes les lois sur l'intérêt de l'argent, d'obtenir d'une certaine classe d'hommes, en se soumettant, au besoin, à des conditions plus onéreuses que l'excès d'intérêt qu'ils auraient pu donner autrement, tous les objets nécessaires à leur consommation. La classe d'hommes dont je veux parler ici est celle des marchands. Chacun sait qu'il est beaucoup plus facile de se procurer des marchandises que de l'argent ; que, généralement, les unes se confient sur des garanties beaucoup moins solides que l'autre. La raison en est simple. Le bénéfice ordinaire que donne le capital total employé dans le commerce d'un individu, déduction faite des frais de location, de commis et d'autres charges générales de même nature, est au moins égal au double de l'intérêt légal de l'argent, ou à 10 pour 100. Le profit ordinaire sur une partie de marchandises doit donc être beaucoup plus considérable et équivaloir au moins au triple de l'intérêt légal, c'est-à-dire à 15 pour 100. Un homme peut donc, avec une égale prudence, être trois fois plus aventureux en disposant de ses marchandises qu'en prêtant son argent : d'où il résulte qu'il est beaucoup plus facile à un individu, tant qu'il peut être considéré comme capable de payer, de se procurer les marchandises dont il a besoin que l'argent nécessaire pour les acheter, et cela quand bien même il donnerait pour cet argent deux fois ou trois fois l'intérêt légal.

En admettant qu'un homme puisse être déterminé par la chance d'un profit extraordinaire à courir un risque extraordinaire en faisant des avances à un individu dont il regarde la solvabilité comme inférieure à celle d'un autre, on trouve dans chaque commerçant une personne qui peut accepter quelque bénéfice que ce soit, sans courir le moindre risque de la part des lois faites ou à faire contre l'usure. Combien donc n'est-il pas absurde de vouloir empêcher un capitaliste de gagner 6, 7 ou 8 pour 100 en prêtant son argent, lorsque, s'il veut courir un risque proportionnel dans le commerce, il peut en tirer 3o, 4o pour 100, ou plus encore! Et quant au prodigue, s'il ne peut pas obtenir ce qu'il demande à de pareilles conditions, quelles chances aurait-il de l'obtenir à d'autres? Sous ce point de vue ces lois lui sont donc encore préjudiciables, puisqu'elles resserrent son choix et l'excluent d'un marché qui peut-être lui aurait été moins désavantageux que celui qu'on lui laisse ouvert.

Je dois avouer ici que je ne saurais comprendre l'utilité d'interdire une issue détournée au torrent de la dissipation, lorsqu'il lui est si facile de prendre son cours par tant d'issues directes dont il est impossible de se rendre maître.

Quant à savoir si la société peut souffrir de la faculté laissée au prodigue de jeter tout d'un coup dans les coffres d'un marchand économe, qui l'amassera, l'argent qu'il n'aurait pas manqué de dissiper plus lentement, c'est ce que nous n'avons point à examiner. Ce qui est clair, c'est que la loi, en tant qu'elle se propose de soustraire le prodigue au danger de payer au-delà de leur valeur les objets qu'il désire, n'atteint aucunement son but en fixant le taux de l'intérêt de l'argent, et que, si par là, au contraire, elle a quelque effet, cet effet est en opposition directe avec celui qu'elle veut produire, puisque, si le prodigue se déterminait à emprunter, ce ne serait nécessairement qu'autant qu'il trouverait à le faire à des conditions plus avantageuses que celles auxquelles autrement il serait obligé d'acheter. En le privant de la faculté d'emprunter à un taux extraordinaire, on peut bien contribuer à accroître sa détresse, mais non pas à la diminuer, tandis qu'au contraire, en lui laissant cette faculté, on peut bien contribuer à diminuer sa détresse, mais non pas à l'accroître.

Si tant est qu'il vaille la peine de mettre un

frein à la prodigalité, je ne connais au-delà des
mesures insuffisantes et incomplètes auxquelles
on a recours aujourd'hui qu'un moyen efficace d'y
parvenir : c'est de mettre en interdit le prodigue
convaincu, ainsi que cela se pratiquait autrefois
chez les Romains, et se pratique encore chez les
Français et chez les autres nations qui ont pris
le droit romain pour base de leur législation (1).
Mais il n'entre pas dans le cadre que je me suis
tracé de discuter la convenance ou de m'arrêter
aux détails d'un pareil règlement.

(1) Le nouveau code civil des Français n'admet pas
l'interdiction en pareil cas; mais il permet de donner
au prodigue un conseil judiciaire, sans l'assistance duquel il ne peut plaider, transiger, emprunter, recevoir
un capital mobilier, en donner décharge, aliéner ou gre-
ver ses biens d'hypothèques. (Code civil, art. 513.) La
position de l'individu interdit diffère de celle de l'individu
soumis à un *conseil judiciaire* en ce que non seulement
les biens du premier, mais encore sa personne, sont en
tutelle. (*Note du traducteur.*)

LETTRE IV.

TROISIÈME RAISON SUPPOSÉE : NÉCESSITÉ DE METTRE L'INDIGENCE A L'ABRI DE L'EXTORSION.

Il existe, indépendamment des prodigues, trois autres classes de personnes, mais je n'en vois pas davantage, dont l'intérêt peut être supposé avoir été pris en considération dans les lois contre l'usure. Je veux parler des indigents, des spéculateurs téméraires ou *hommes à projets,* et des individus frappés d'incapacité intellectuelle; c'est-à-dire 1º de ceux que leurs nécessités pécuniaires peuvent déterminer à donner un intérêt supérieur au taux ordinaire; 2º de ceux qui, par un esprit de témérité, croient pouvoir s'aventurer à prendre une pareille charge : et 3° de ceux qui, par l'effet d'une stupide insouciance, peuvent se la laisser imposer.

Je dois vous demander la permission de considérer séparément la condition de chacune de ces trois classes de personnes. En parlant d'abord de l'indigence, j'examinerai donc les circonstances qui placent un homme dans cette situation, indépendamment de la complication qu'elles peuvent recevoir d'une incapacité intellectuelle qui dépasserait les limites communes. Ici je pars et je dois partir de la supposition que l'indigent n'est atteint, dans son jugement ou dans son caractère, d'aucun vice particulier capable de l'égarer ; que, tout aussi bien que la généralité des autres hommes, il sait apprécier son intérêt, et que, tout aussi bien qu'eux, il est en état de le défendre et disposé à le faire.

J'ai déjà avancé, et je regarde cette proposition comme incontestable, qu'il n'existe aucun nombre limité que ce soit de taux d'intérêt qui puisse s'appliquer exactement au nombre illimité de situations dans lesquelles un homme est susceptible de se trouver, en raison du degré d'*embarras* qu'il peut éprouver : de telle sorte, par exemple, que 6 pour 100 conviennent tout

aussi bien à la situation d'un individu qui peut
en tirer 11 de l'argent qu'il emprunte, que 5
pour 100 à la situation de celui qui ne peut en
tirer que 10, que 7 pour 100 à la situation de
celui qui peut en tirer 12, et ainsi de suite ;
qu'ainsi, par la même raison, dans le cas où un
homme a besoin d'argent pour s'épargner une
perte (ce qui arrive le plus ordinairement dans
les cas auxquels le nom d'embarras est particulièrement applicable), il convient tout aussi bien
à cet homme d'emprunter à 6 pour 100, si la
perte dont il est menacé peut être évaluée à 11,
qu'il lui conviendrait d'emprunter à 5, s'il n'a-
vait à prévenir qu'une perte de 10, etc. Il est
même évident que, dans toute situation de cette
nature, tant que le taux d'intérêt exigé, quelque
exorbitant qu'il puisse être par rapport à la perte
à éviter, comporte pourtant une réduction de
celle-ci, ne fût-ce que de 1 pour 100, ou même de
quelque fraction que ce soit de l'unité, il y a intérêt à emprunter, même à ces conditions comparativement désavantageuses. Maintenant, qu'au
lieu de *gain* et de *perte*, évaluables en argent, on
suppose quelque autre avantage à obtenir, quelque autre espèce d'inconvénient ou de dommage
à éviter, le résultat sera toujours le même.

Un individu, je suppose, se trouve placé dans l'une de ces situations où il lui serait avantageux d'emprunter ; mais ses circonstances sont telles, que personne ne consent à lui prêter au taux d'intérêt le plus élevé que permette la loi. Assurément, s'il pouvait emprunter à ce taux, il n'en accepterait pas de plus onéreux : c'est au moins ce que l'on doit penser, si l'on admet qu'il jouisse de la plénitude de sa raison ; mais le fait est que cette ressource lui est interdite. A un taux supérieur, il trouverait de l'argent, et à ce taux, quel qu'il soit, il lui serait avantageux de traiter : au moins, c'est ainsi qu'il le juge, lui que rien n'empêche de porter un jugement sain, et qui a tous les moyens de connaître et toutes les raisons possibles d'examiner les circonstances de l'appréciation desquelles, dans ce cas, doit dépendre la rectitude du jugement. Le législateur, qui ignore complétement ces circonstances, qui ne sait rien de la position de l'individu, se présente et lui dit : « Toutes les considérations qui vous déterminent sont de nulle valeur ; vous n'emprunterez pas, car il vous serait préjudiciable d'emprunter à de pareilles conditions. » Et c'est par un sentiment de prudence et de bienveillance qu'il lui tient ce langage! Il est possible de concevoir plus de cruauté, mais non pas plus d'extravagance.

On a beaucoup parlé de la folie de ces hommes qui, sans excuse légitime, comme on le suppose, s'obstinent à ne prendre d'avis de personne ; mais on n'a pas parlé de la folie de ceux qui, sans plus de raison, s'obstinent à vouloir imposer leurs avis aux autres ; et cependant, de ces deux espèces de folie, la dernière est peut-être la plus fréquente et la plus insigne. Il est bien rare qu'un homme soit meilleur juge dans les affaires d'autrui que l'intéressé principal, et cela même dans les cas où celui qui entreprend de donner des conseils s'impose la loi de se rendre maître de tous les éléments de détermination qui sont à la portée de la personne conseillée ; mais le législateur, qui intervient d'une manière si absolue dans les affaires des individus, ne possède pas et ne peut jamais posséder aucun de ces éléments. Quelle folie privée serait-il donc possible de comparer à cette folie publique !

Je devrais maintenant vous parler de cette classe *téméraire* d'emprunteurs, que l'on désigne ordinairement, lorsqu'on veut les caractériser par une seule expression, sous le nom défavorable d'*hommes à projets*. Mais comme je commence à prévoir que, dans ce que j'aurai à en dire, la plus grande partie de mon argumentation portera sur les propositions avancées par le docteur Smith, je vous demanderai la permission de m'adresser directement à cet écrivain pour traiter ce sujet. (1)

(1) Voyez la lettre XIII, à laquelle l'examen de la *quatrième raison* se trouve renvoyé.

LETTRE V.

CINQUIÈME RAISON SUPPOSÉE : NÉCESSITÉ DE
PROTÉGER LA SIMPLICITÉ CONTRE LA FRAUDE.

Après ce qui vient d'être dit , je crois être en droit d'affirmer qu'il n'existe pas de degré de *simplicité*, hors le cas d'imbécillité absolue , qui puisse exposer un individu à porter sur ses affaires un jugement plus faux que celui que le législateur, placé dans les circonstances où nous venons de le montrer, prétendrait porter pour cet individu, en le confinant à un taux d'intérêt déterminé.

Une autre considération également concluante, c'est qu'en attribuant même à la sagesse du législateur toute la supériorité possible sur celle de l'individu, les prévisions de cette sagesse, au cas particulier, peuvent être regardées comme inutiles tant qu'il existera, comme il devra toujours exister, un si grand nombre d'autres occasions dans lesquelles le législateur ne saurait intervenir avec efficacité, dans lesquelles même il n'a jamais songé à intervenir, et qui pourtant n'offrent pas moins de dangers à la simplicité.

C'est l'affaire de tous les jours d'acheter des marchandises; tandis que ce n'est que dans quelques occasions d'une nature particulière, et qui comparativement ne se présentent que rarement, qu'on se trouve dans l'obligation d'emprunter de l'argent. Ce serait entreprendre une tâche interminable que de vouloir régler le prix de toutes les marchandises, et aucun législateur n'a encore eu la faiblesse d'élever cette prétention; mais en supposant que la loi pût parvenir à établir un pareil règlement, qu'en résulterait-il dans l'intérêt de la *simplicité*, à moins que ce règlement ne déterminât en même temps les quantités que chacun aurait la faculté d'acheter? Il est vrai que dans certains cas ces quantités sont réglées, ou plutôt que des mesures sont prises pour priver totalement un individu de la liberté d'acheter. Mais quels sont ces cas? Ce sont ceux dans lesquels la faiblesse d'intelligence est arrivée à un tel point chez un homme, qu'elle le rend absolument incapable d'administrer ses affaires, c'est-à-dire, en un mot, lorsque cette faiblesse a atteint le degré de l'imbécillité.

Quel que soit le danger d'être trompé auquel un individu puisse être exposé par suite de sa simplicité, il court assurément beaucoup plus de risques à cet égard en achetant des marchandises qu'en empruntant de l'argent. Ce n'est pas peu de chose que de se tenir au courant des prix de tous les objets de consommation, tandis que, pour être au courant du taux ordinaire de l'intérêt, il suffit d'être informé d'un seul fait, trop intéressant pour ne pas attirer l'attention, et trop simple pour sortir de la mémoire. Un seul pour cent au-delà de l'intérêt ordinaire est un événement beaucoup plus remarqué, et qui généralement cause beaucoup plus d'effroi qu'une augmentation de plusieurs pour cent sur le prix de quelque espèce de marchandise que ce soit.

Je doute que, par rapport aux objets même qui par leur importance justifieraient, si cela était possible, une fixation de prix, comme la terre, particulièrement, il y ait jamais eu d'exemple de

marché cassé, si ce n'est dans le cas de fraude
manifeste, par la seule considération qu'une des
parties avait vendu à trop vil prix ou acheté
trop cher. Si, pour m'assurer la possession d'une
pièce de terre, il me prenait la fantaisie d'en
donner cent fois le revenu au lieu de trente, je
ne crois pas qu'aucune cour en Angleterre, ou
quelque part ailleurs, voulût intervenir, comme
dans le cas de l'usure, pour m'empêcher de faire
cette perte, et encore bien moins pour punir
le vendeur de consentir à me la faire éprouver :
et cependant, une fois ma pièce de terre achetée
et mon argent donné, le repentir, en supposant
qu'il me vienne, peut m'être tout-à-fait inutile,
et cela, quelque favorablement disposée que soit
la loi à mon égard : car il est possible que le
vendeur ait dépensé mon argent, ou qu'il ait
quitté le pays. Mais, dans le cas d'un emprunt,
c'est tout autre chose : ici c'est toujours l'emprunteur qui, en raison du temps pour lequel
l'argent lui est prêté, se trouve dans la position
favorable, puisqu'il lui est toujours possible de
réparer la faute qu'il peut avoir commise par
rapport au taux d'intérêt stipulé. Si moi, emprunteur, je viens à découvrir que j'ai donné un
intérêt trop élevé à l'homme qui m'a prêté, je

n'ai qu'à emprunter à un autre et à rembourser le premier. Que si je ne trouve personne qui veuille me prêter à un intérêt plus bas, c'est alors la preuve certaine qu'en réalité, celui auquel j'ai traité d'abord n'était pas trop élevé. Mais nous reviendrons plus tard sur ce sujet.

LETTRE VI.

❀

EFFETS FACHEUX DES LOIS CONTRE L'USURE.

Dans les lettres précédentes j'ai examiné tous les cas (1) dans lesquels il m'a été impossible d'imaginer que les lois contre l'usure avaient pu être considérées comme utiles.

Je crois avoir démontré que, sous aucun rapport, ces lois ne se présentaient sous cet aspect. Il me reste maintenant à signaler leurs mauvais effets.

Le premier dont je parlerai est l'impossibilité

(1) Sauf ce qui regarde les *hommes à projets,* ce sujet n'est traité que dans la lettre xiii, adressée à A. Smith.

absolue où elles mettent un très grand nombre
de gens de se procurer l'argent que leurs embarras respectifs peuvent leur rendre nécessaire.
Vous pouvez facilement vous figurer la calamité
que produirait une mesure dont l'effet serait
d'enlever à tout le monde la liberté d'emprunter, même aux individus qui, par la nature des
sûretés qu'ils ont à offrir, sont en position d'obtenir des préteurs les conditions les plus favorables. Eh bien ! en refusant cette liberté à tant de
gens dont les garanties seraient jugées suffisantes s'il leur était permis d'ajouter quelque
chose à l'intérêt ordinaire, mais qui cessent de
l'être dès que cette permission leur est refusée,
on produit exactement une calamité de la même
nature. Ce que je ne saurais concevoir, c'est
pourquoi le malheur que peut avoir un homme
de ne point présenter exactement le degré de
sûreté arbitrairement exigé par la loi deviendrait une raison de le soumettre à une peine qui
n'est point imposée à celui qui est exempt de ce
malheur. La seule différence que je puisse voir
entre ces deux individus, c'est que, dans le cas
où l'un et l'autre ont besoin d'emprunter, l'embarras du premier est plus grand que celui du
second ; et c'est ce que l'on doit naturellement

supposer : car, s'il en était autrement, il ne consentirait pas sans doute, comme on admet qu'il y consent, à faire de plus grands sacrifices que l'autre pour en sortir. Sous ce point de vue donc la seule tendance de la loi est d'ajouter la misère à la misère.

Une autre de ses conséquences fâcheuses est de mettre un très grand nombre de gens, qui ne sont pas totalement dépourvus des moyens de se procurer de l'argent, dans le cas de ne pouvoir s'en procurer qu'aux conditions les plus désavantageuses. Je veux parler de ceux qui, ne pouvant trouver à emprunter, ont encore en leur possession des valeurs qu'ils peuvent vendre. Dans ce cas, le mal, quoique nécessairement moindre que dans l'autre, est beaucoup plus palpable et plus frappant. La loi, qui, par un motif d'humanité, ou par tout autre, interdit à un individu la faculté d'emprunter à des conditions qu'elle juge désavantageuses pour lui, ne lui interdit pas celle de vendre ses effets, quelque défavorables que soient les conditions auxquelles il lui plaise de le faire. Or tout le monde sait que les ventes forcées sont accompagnées d'une perte nécessaire, et que cette perte est sans proportion avec ce que l'on appellerait un intérêt exorbitant. Lorsque des meubles sont vendus par autorité de justice, on admettra, je pense, qu'ils le sont à un prix très raisonnable, si, tous frais faits, ils produisent les deux tiers de la somme qui serait nécessaire pour les remplacer. Dans ce cas, la providence et la bienveillance de la loi coûtent 33 pour 100 au propriétaire de ces meubles, et cela dans la supposition la plus favorable, c'est-à-dire dans celle où il n'en a été vendu que ce qui était strictement nécessaire pour payer la dette qui a donné lieu à la vente, ce qui n'arrive que très rarement. Si, par négligence ou par faiblesse, la loi eût permis au débiteur d'offrir 11 pour 100 à son créancier pour s'éviter cette exécution, il aurait eu trois ans pour payer la somme que, dans sa sagesse, elle le met dans l'obligation de payer tout d'un coup.

Telle étant la faveur que la loi accorde au propriétaire de valeurs mobilières, examinons quels sont ses effets par rapport au propriétaire d'immeubles. Le prix moyen des terres, avant la dernière guerre, peut être porté, je crois, à 30 années de revenu; les propriétés de cette nature qui, de nécessité, dûrent être vendues par suite de la misère qui fut le résultat de cette guerre, le furent au prix de vingt, de dix-huit, et même,

dans quelques cas, de quinze fois le revenu; si je
ne suis pas trompé par ma mémoire, je crois
même avoir vu quelques exemples de terres mi-
ses aux enchères publiques, et dont on n'offrit
pas même ce dernier prix. Il arriva souvent à
la même époque que des maisons de campagne
qui avaient été achetées avant la guerre, ou au
commencement, et qui, depuis, avaient été plutôt améliorées que dégradés, furent vendues pour
moins de la moitié ou même du quart de ce
qu'elles avaient coûté. Je n'oserais pas garantir
absolument l'exactitude de ce que j'avance ici;
mais à cet egard les renseignements ne man-
quent point, et il est facile de se les procurer.
Quoi qu'il en soit, je puis être admis, je pense,
à estimer le prix des terres, pendant la durée de cette époque, à vingt fois leur revenu,
au lieu de trente. Dans cet état de choses, une
propriété de 100 livres sterling de revenu net
d'impôt a été, je suppose, léguée à un individu, à la charge par lui d'acquitter une dette
de 1,500 liv., avec les intérêts de cette somme jusqu'au moment du paiement. Le créancier, ne trouvant point que l'intérêt le plus élevé que la loi lui permit d'accepter du propriétaire, c'est-à-dire 5 pour 100, répondit à ses

vues , exigea le paiement du capital. Mais peut-être lui aurait-il convenu de recevoir 6 pour 100 ; dans tous les cas, cela aurait assurément convenu à quelque autre, car pendant tout ce temps il y eut une foule de gens qui se contentèrent de 5. La guerre dura sept ans. Il est vrai que la terre ne perdit point immédiatement de sa valeur; mais comme d'un autre côté elle ne la recouvra point non plus immédiatement après la paix, si même aujourd'hui encore elle l'a entièrement recouvrée, nous pouvons porter à sept années le temps pendant lequel il aurait été plus avantageux de payer cet intérêt extraordinaire que de vendre la terre , et pendant lequel, en conséquence, il aurait eu à courir. L'obligation de payer 1 pour 100 par an pendant sept ans n'est point tout-à-fait égale à celle de payer 7 pour 100 en une seule année. Cependant, supposons qu'il y ait égalité : la propriété, qui avant la guerre valait trente fois son revenu , c'est-à-dire 3,000 liv., et que le testateur avait donnée au légataire comme ayant cette valeur, venant à être mise en vente, ne produisit que 2,000 liv. A la fin de cette période elle aurait été vendue pour sa valeur primitive, ou 3,000 liv. Comparez maintenant la situation du légataire, au bout de ces sept années, sous l'empire des lois contre l'usure, avec ce qu'elle eût été si ces lois n'eussent point existé. Dans le premier cas, la terre s'étant vendue vingt fois son revenu, ou 2,000 liv., les 1,500 liv. payés, il ne lui est plus resté que 500 liv., qui, avec le produit des intérêts à 5 pour 100, ne formèrent au bout des sept années qu'une somme totale de 675 liv. Dans l'autre cas, en payant 6 pour 100 d'intérêt pour les 1,500 liv., c'est-à-dire 90 liv. par an, ou 630 liv. pour les sept années, il aurait eu, à l'expiration de ce terme, indépendamment des 1,500 liv. qui lui seraient restés sur le prix de la vente, estimé dans ce cas à 3,000 liv., une somme de 70 liv., formant l'excédant, pour les sept années écoulées, du revenu de la terre sur l'intérêt payé ; en tout, 1570 liv. La perte que lui fait éprouver la sollicitude de la loi se monte donc à 895 liv., c'est-à-dire à environ 60 pour 100 de son capital. Faites le calcul, et vous trouverez qu'en l'empêchant d'emprunter à 6 pour 100, la loi lui a causé un préjudice à peu près égal à celui qu'il aurait éprouvé en empruntant à 15.

Ce que j'ai dit ici n'est applicable qu'à la situation des personnes qui ont une valeur actuelle à offrir pour l'argent dont elles ont besoin. Quant à celles qui ne possèdent point de valeur de cette nature, si elles parviennent à se procurer de l'argent, ce ne peut être que par infraction à la loi, et qu'autant que leurs prêteurs consentent à s'exposer aux peines qu'elle a portées, car je fais abstraction ici du cas accidentel où elle serait conçue de telle façon qu'il serait possible de l'éluder. Eh bien! dans ce cas, la funeste influence de la loi se fait encore sentir aux emprunteurs, en aggravant pour eux le mal auquel elle a voulu remédier. Sans efficacité quant au but que le législateur s'est proposé, elle en acquiert dans le but directement opposé. Son résultat nécessaire, en effet, est d'élever l'intérêt beaucoup plus haut qu'il ne devrait l'être autrement, et cela pour deux raisons : d'abord, parce que la prudence la plus commune, ainsi que le remarque fort bien le docteur Smith, conseille à tout homme de chercher à s'indemniser non seulement pour le risque auquel il peut être exposé indépendamment de la loi, mais encore pour celui qu'il court de ce côté ; de telle sorte que dans ce cas il doit pour ainsi dire *s'assurer* contre la loi. Cette cause devrait agir ici, alors même qu'il y aurait autant de gens disposés à prêter à un intérêt illégal qu'à l'intérêt légal ; mais tel n'est pas le cas. Un grand nombre de personnes sont ici écartées de la concurrence par le danger que présentent les transactions de cette nature, et un autre nombre, non moins grand, par la défaveur que les lois prohibitives ou toute autre cause ont attachée au nom d'usurier. Or, par suite de l'exclusion donnée à tant de concurrents, il arrive dans cette branche d'industrie ce qui doit nécessairement arriver dans tout autre, en pareil cas : c'est que ceux qui restent en possession du marché ont moins de raison de s'abstenir d'élever leurs prix, et que, sans coalition entre eux, car il faut convenir qu'ici toute coalition est évidemment impossible, il est plus facile à chacun d'eux de porter ses prétentions à un degré ou à un autre d'exagération que s'il se trouvait un plus grand nombre de gens de même industrie auxquels il fût possible de s'adresser.

Quant à la supposition où la loi est conçue de manière à ce qu'il soit possible de l'éluder, on peut dire que, dans ce cas, elle est en partie nulle et en partie funeste : elle est nulle pour tous ceux qui ont la certitude qu'elle l'est, et elle est funeste, ainsi que je l'ai démontré plus haut, par l'influence qu'elle exerce sur la conduite de ceux qui la croient efficace. Si l'emprunteur ne trouve personne qui veuille se hasarder à profiter du côté faible de la loi , il restera privé de tout secours, et s'il n'est pas réduit à cette extrémité, il est certain au moins que les conditions que lui imposera le prêteur seront d'autant plus élevées que la confiance de celui-ci dans la non-efficacité de la loi sera moins grande. Or il n'est pas probable que cette confiance soit jamais parfaite en lui, et il l'est encore moins qu'il consente à l'avouer. D'après ce qui se passe en Angleterre, d'ailleurs, on ne pourrait pas assurer que la loi anti-usuraire la plus mal conçue fût, en effet, complétement sans puissance; et tant qu'on admet qu'une pareille loi puisse avoir quelque efficacité, on doit reconnaître aussi que, d'une manière ou d'une autre, elle ne peut manquer d'être funeste.

J'ai déjà parlé de la défaveur, du discrédit, de l'ignominie, que le préjugé, qui est à la fois la cause et l'effet des lois contre l'usure , a accumulés sur une classe d'hommes non seulement innocents, mais même estimables, qui, non moins à l'avantage de leurs voisins malheureux qu'au leur propre, s'aventurent à enfreindre les prohibitions légales. Assurément ce ne peut être

une chose indifférente que de voir ces hommes,
dont la conduite, sous tous les points de vue
imaginables, soit qu'on l'envisage par rapport à
leur intérêt personnel , ou par rapport à l'intérêt d'autrui, soit qu'on tienne compte de la prudence qu'elle met au jour et du bien qu'elle produit (et d'où la bienfaisance elle- même peut-
elle tirer sa valeur, si ce n'est de l'utilité de ses
résultats?), mérite plutôt l'éloge que le blâme;
ce ne peut-être, dis-je, une chose indifférente
que de voir de tels hommes relégués parmi les
infâmes, et frappés d'une réprobation qui ne
devrait tomber que sur ceux-là seulement dont
la conduite, dans sa tendance, est la plus opposée
à la leur.

Mais cette injustice qu'ils souffrent , pourra-
t-on me dire , ayant déjà été prise en considé-
tion, ne doit pas l'être une seconde fois. « Ces
hommes, comme vous l'avez remarqué vous-
même , savent fort bien à quels dangers ils s'ex-
posent , et en conséquence ils ont pris soin de
s'assurer les dédommagements qu'eux-mêmes
ont jugés suffisants. » Soit ; mais est-il sûr qu'effectivement cette compensation soit toujours
suffisante? N'y a-t-il pas lieu encore aux erreurs,
aux faux calculs? Ne peut-il point survenir d'ac-

cidents imprévus et impossibles à prévoir, capables, dans ce cas, de changer en amertume la plus grande satisfaction qui puisse résulter de l'excès du profit pécuniaire? Qui pourrait prévoir le terme de la longue série de conséquences que la perte de la réputation peut entraîner? Qui pourrait, en un mot, sonder l'abyme de l'infamie? Il est donc évident que, si l'injustice dont nous parlons ne vient point s'ajouter à la somme des griefs énumérés plus haut, elle s'en distingue au moins par sa nature, et mérite sous ce rapport une attention particulière.

L'application des lois contre l'usure n'est certainement pas sans exemples; j'en ai vu plusieurs à différentes époques. Dans ce cas, le délinquant se trouve frappé dans tous ses intérêts à la fois : car non seulement alors il perd sa réputation, mais il est encore puni d'une amende, non pas de trois fois la valeur de l'excédant d'intérêt qui devait former le profit du délit, mais de trois fois le capital qui en a été l'occasion (1).

Le dernier des effets fâcheux de ces lois, dont

(1) Voyez l'*Introduction aux principes de morale et de législation*, in-4°, 1789, ch. xiv, *sur la proportion à observer entre les délits et les peines.*

il me reste à vous parler, consiste dans l'influence corruptrice qu'elles exercent sur les mœurs du peuple, en provoquant comme elles le font, et comme elles doivent nécessairement le faire, à l'ingratitude et à la trahison. Pour assurer leur exécution, de telles lois n'ont en effet qu'un moyen, et, par la nature même des choses, elles n'en peuvent jamais trouver d'autre : c'est d'offrir une récompense à l'emprunteur pour le déterminer à violer ses engagements et à déchirer la main secourable qui lui a été tendue. Dans le cas des dénonciateurs en général, il n'y a, de leur part, ni foi jurée, ni bienfait reçu; dans le cas des criminels véritables engagés par des récompenses à trahir leurs complices, on peut dire que c'est par de telles violations de foi que la société se maintient, comme, dans le plus grand nombre des transactions, c'est par la fidélité mutuelle des contractants. Dans le cas des crimes réels, et en proportion de leur énormité, il est évident pour le criminel lui-même qu'en persistant dans ses engagements, il porte préjudice à la société, tandis qu'en y manquant il lui devient utile; mais dans le cas de l'usure, c'est ce que personne ne peut savoir, et c'est ce qu'à peine il est possible d'imaginer que puisse supposer un homme qui a été intéressé comme emprunteur dans une transaction de cette nature : car, dans son propre jugement, cet homme savait bien que l'engagement qu'il contractait lui était avantageux, autrement il ne s'y serait pas soumis ; et après lui, il n'y a plus que le prêteur qui y soit intéressé.

LETTRE VII.

EFFICACITÉ DES LOIS CONTRE L'USURE.

Avant de perdre entièrement de vue le cas où la loi faite pour limiter l'intérêt de l'argent peut être inefficace dans ce but, je ne puis pas m'empêcher de m'arrêter un moment à un passage du docteur Smith, auquel j'ai déjà fait allusion, attendu que, selon moi, ce passage répand sur cette matière une obscurité que je voudrais voir se dissiper dans une édition future de cet important ouvrage.

« Aucune loi, dit cet écrivain, ne peut réduire le taux commun de l'intérêt au-dessous du taux ordinaire le plus bas en usage dans les

transactions au moment où elle est portée.
Malgré l'édit de 1766, par lequel le roi de France
essaya de réduire le taux de l'intérêt de 4 à 5
pour 100, l'argent, en France, continua à être
prêté à 5, la loi étant éludée de différentes manières. »

Quant à la proposition générale contenue
dans cette citation, si elle est vraie, tant mieux;
mais j'avoue que je ne vois pas pourquoi il en
serait ainsi. Il semble que ce soit dans le but de
prouver la vérité de cette proposition que le
mauvais succès de la tentative dont il est question ici se trouve mentionné, d'autant plus
qu'on n'en donne pas d'autre preuve. Mais en
prenant ce fait pour avéré, je ne vois pas comment il serait suffisant pour légitimer une pareille conclusion. La loi qui nous est citée fut
éludée, dit-on; mais comment le fut-elle? comment se prêta-t-elle à l'être? C'est ce qu'on ne
nous dit pas. Cette circonstance put tenir à
un vice particulier dans sa rédaction, ou, ce qui
revient au même, dans la nature des mesures
prises pour la mettre à exécution. Or, dans l'un
ni dans l'autre cas, les infractions dont elle fut
l'objet ne peuvent servir de base ou de justifica-
tion à la proposition générale dont il est ques-

tion. Pour que la vérité de cette proposition fût démontrée par un fait de cette nature, il faudrait prouver que tous les moyens qui étaient convenables pour donner de l'efficacité à la loi dont il s'agit ont été employés, et que, malgré toutes ces précautions, cette loi a encore été éludée. Fondée ou non, la proposition qui est avancée ici ne porte pas certainement par elle-même un caractère de vérité assez évident pour être admise sans preuves; et cependant, sauf le fait ci-dessus cité, qui, comme nous voyons, ne prouve rien, on n'en apporte aucune. Je dirai plus, je ne crois pas que cette proposition soit susceptible d'être prouvée. Pour ma part, en effet, je ne vois pas ce qui pourrait empêcher la loi de *réduire le taux de l'intérêt au-dessous du taux ordinaire le plus bas en usage dans les transactions*, si ce n'est un tel état de choses, une telle combinaison de circonstances qui devraient apporter des obstacles tout aussi puissants, ou à peu près, à l'efficacité d'une loi dirigée contre un taux d'intérêt plus élevé. Je ne vois de moyen capable d'enlever complétement à la loi son efficacité que dans la résolution que prendraient tous les sujets d'un état de ne point dénoncer les infractions dont elle serait l'objet ; mais par une résolution de cette nature le taux d'intérêt le plus élevé peut se trouver tout aussi efficacement protégé que le taux le plus bas. Supposez que la résolution soit universelle, dans toute la rigueur du mot : la loi devient alors complétement inefficace ; tous les taux d'intérêt demeurent également libres, et, sous ce rapport, les transactions particulières sont exactement ce qu'elles seraient s'il n'existait point de lois sur cette matière. Mais, dans cette hypothèse, la proposition du docteur Smith, en tant qu'elle limite l'inefficacité de la loi aux taux d'intérêt inférieurs, aux plus bas de ceux qui sont en usage dans les transactions particulières, manque d'exactitude. Pour moi, je ne saurais concevoir qu'une pareille résolution ait pu jamais être prise et soutenue, ou puisse l'être jamais, sans une rébellion ouverte contre le gouvernement : or je ne vois pas que rien de semblable soit arrivé. Quant aux coalitions particulières, elles sont tout aussi capables de protéger, contre la loi, l'intérêt le plus élevé que l'intérêt le plus bas.

Il faut reconnaître pourtant que le taux d'intérêt le plus bas, dans le cas d'une prohibition légale, doit, selon toute apparence, rencontrer

plus fréquemment que tout autre la protection
du public. Il y a deux raisons pour cela : d'a-
bord parce que, étant du nombre des taux ordinaires, sa nécessité doit naturellement se faire
sentir plus souvent que celle des taux extraordinaires, et ensuite parce que la défaveur attachée à l'idée d'usure, circonstance capable à un
degré ou à un autre d'exclure de la protection
du public les taux d'intérêt de cette dernière
espèce, ne peut pas être supposée s'étendre encore à l'usage du taux dont nous parlons. Un
prêteur a certainement moins de raisons de s'abstenir de prendre un taux d'intérêt qu'il peut accepter sans infamie que d'en prendre un qui lui
imprimerait cette tache. Or il n'est pas probable que le public se montre tellement empressé
de mettre son imagination et ses sentiments en
harmonie avec la volonté de la loi, que, dès
qu'elle a parlé, il frappe de réprobation un acte
que l'instant d'avant il jugeait innocent.

Que si l'on me demandait comment je suppose que les choses se sont passées dans le cas
rapporté par le docteur Smith, jugeant de l'é-
vénement d'après les probabilités générales, je
dirais que la loi n'était pas rédigée de manière à
être complétement à l'abri des violations; que

cependant, dans beaucoup d'occasions qu'il a
été impossible de constater, les citoyens ont dû
s'y conformer, soit en s'abstenant absolument
de prêter, soit en prêtant au taux réduit par la
loi; que, dans d'autres cas, la loi aura été vio-
lée, les prêteurs se fiant, à cet égard, en partie
aux expédients employés par eux pour l'éluder,
et en partie à la bonne foi et à l'honneur des
emprunteurs; je dirais que, par les deux raisons
qui ont été exposées plus haut, l'ancien intérêt
légal, dans ces derniers cas, aura été, selon toute
apparence, plus souvent stipulé que tout autre,
et que, par suite de l'usage plus fréquent qui en
aura été fait et de son opposition plus directe à
la nouvelle loi, il aura dû être aussi plus remarqué, et que voilà sans doute, en point de fait, le
fondement de cette proposition générale du docteur Smith, qu'*aucune loi ne peut réduire le
taux commun de l'intérêt au-dessous du taux le
plus bas en usage dans les transactions au moment de sa publication.*

En Angleterre, autant que je puis m'en rapporter à mon jugement et au souvenir imparfait
que je conserve de la manière dont la loi dispose
à cet égard, je ne crois pas que cette proposition
se trouverait fondée. D'après les exemples dont

j'ai parlé, et d'où il résulte que les lois contre l'usure sont exécutées de temps à autre dans ce pays, il est évident qu'on n'y connaît point de moyen, praticable pour tout le monde, qui soit capable de la légitimer. Il est vrai qu'à ma connaissance il existe deux expédients de cette nature, dont plus tard j'aurai occasion de parler; mais ils ne sont pas assez clairs par eux-mêmes, et ils offrent trop de difficultés dans l'application, pour avoir pu dépouiller entièrement la loi de son efficacité préventive et de ses terreurs.

Dans le pays où j'écris en ce moment, le système entier de la législation sur cette matière est heureusement tout-à-fait inefficace. Le taux fixé par la loi est de 5 pour 100. Beaucoup de gens prêtent de l'argent, mais personne n'en prête à ce taux. L'intérêt le plus bas, sur les sûretés les plus solides, est de 8 pour 100; il est même assez commun de voir prendre 9 et 10 sur de pareilles sûretés; et, s'il arrive quelquefois que des prêts se fassent à 6 ou 7, ce n'est seulement que dans les cas où le prêteur se propose évidemment de faire présent de 1 ou de 2 pour 100 à la personne avec laquelle il traite. Le contrat se renouvelle d'année en année. Pour 1,000 roubles, l'emprunteur s'oblige, dans le contrat écrit, à en payer

1,050 au bout de l'année. En présence de témoins, il reçoit 1,000 roubles ; mais, à l'instant même et sans témoin, il rend au prêteur 30, 40 roubles, ou toute autre somme nécessaire pour compléter l'intérêt réel, qui est toujours celui qui a été verbalement convenu.

· Je crois qu'un pareil expédient ne pourrait pas être employé en Angleterre ; mais, à la distance où je me trouve placé de toutes les autorités, je ne suis point en état de démontrer l'exactitude de cette assertion.

LETTRE VIII.

●

USURE VIRTUELLEMENT PERMISE PAR LA LOI.

Après avoir prouvé, comme je l'espère, l'inconvenance absolue, dans tous les cas possibles à imaginer, des lois limitant l'intérêt de l'argent, il y a peut-être plus de curiosité que d'utilité à rechercher jusqu'à quel point la législation, sous ce rapport, est conséquente avec elle-même et avec les principes qui lui servent de base. Je signalerai néanmoins les lacunes et les contradictions qu'elle présente.

Et d'abord je parlerai du *papier de circulation* ou des *traites réciproques,* pratique bien

connue de tous les marchands, et qui peut l'être
facilement de toutes les autres personnes qui
voudront consulter le docteur Smith (1). Cet
économiste a montré comment, de cette manière, l'intérêt de l'argent pouvait être porté à
13 ou à 14 pour 100, c'est-à-dire au triple à peu
près du taux le plus élevé que la loi fasse profession de permettre. L'excédant d'intérêt, dans
ce cas, est masqué sous les noms de *commission*
et de *change*. La commission est de peu de chose
sur chaque prêt; elle ne s'élève pas, je crois, au-
delà d'un demi pour cent, et la coutume générale étant restée dans cette limite, peut-être
serait-il jugé dangereux d'en sortir. Ce droit,
étant répété plusieurs fois dans le cours de l'année, supplée par sa fréquence à ce qui lui
manque en élévation. Il est vrai que, par cette

(1) Le *papier de circulation* se compose de lettres de
change que des négociants embarrassés conviennent de
tirer les uns sur les autres, sans se rien devoir réciproquement. Ces traites ne représentent aucune affaire con-
sommée, et n'ont par conséquent qu'une valeur fictive.
C'est une manière détournée d'emprunter, manière fort
coûteuse, comme l'a très bien montré Smith, qui fait
connaître en détail le mécanisme de cette pratique. — Voyez
Smith, liv. II, ch. II. (*Note du traducteur.*)

fréquence même, l'espèce d'opération dont il est question présente plus de difficultés et oblige à plus de soins ceux qui s'y livrent; mais elle n'en est pas moins praticable pour cela. Or, si l'usure peut être regardée comme bonne pour les marchands, j'avoue que je ne vois pas bien clairement ce qui pourrait la rendre mauvaise pour toute autre classe de personnes.

Une autre pratique qui se présente à ma mémoire, comme assez habituelle, est celle de vendre des *billets acceptés* au-dessous de leur valeur (1). Dans l'éloignement où je suis de toutes les sources de la science légale, je ne voudrais pas répondre qu'elle se trouvât à l'abri de toute attaque; cependant je ne pense pas qu'aucune loi pénale contre l'usure lui soit applicable, autrement au moins que par voie d'analogie. Si effectivement cette pratique n'est pas de nature à être légalement poursuivie, elle offre, suivant moi, un moyen facile et efficace d'éluder les lois qui limitent l'intérêt de l'argent : la seule difficulté qu'elle présente consiste en ce qu'elle exige le

(1) L'auteur veut parler ici de l'escompte et de la facilité qu'on aurait sous cette forme de prêter au taux d'intérêt qu'on voudrait. (*Note du traducteur.*)

secours d'une tierce personne, d'un ami du prêteur. En supposant qu'elle soit valide et qu'il soit possible de trouver l'ami qu'elle nécessite, elle entraîne évidemment beaucoup moins de soins et de difficultés que celle du papier de circulation ; elle a l'avantage, en outre, si elle est praticable, de l'être pour tout le monde, pour les commerçants comme pour les non-commerçants. Si cette page avait pour effet de fournir un moyen sûr et facile d'éluder les lois contre l'usure à quelques individus qui, autrement, ne seraient point parvenus à en trouver, j'avoue que ce résultat ne pèserait pas beaucoup sur ma conscience. Dans ce cas, d'ailleurs, j'aurais quelques droits, j'espère, à invoquer en ma faveur les prières des usuriers ; et, d'après ce que j'ai dit jusqu'ici, je pense que vous ne serez point étonné de m'entendre affirmer que je n'attribue pas moins d'efficacité aux prières des hommes de cette classe qu'à celles de toute autre.

Je dois pourtant ici présenter une considération qui pourra servir d'apologie à ma conduite : c'est qu'en signalant aux individus qui pourraient être disposés à profiter de mes avis les issues par lesquelles ils peuvent se dérober à la rigueur de la loi, je les indique en même temps au législateur, qui peut les fermer, s'il le juge convenable. Que si, croyant nécessaire de le faire, il ne le fait point, c'est alors sur sa négligence, et non sur mon industrie, que doit retomber le blâme.

Mais, pourrez-vous dire, ces subterfuges, quelles que soient leur efficacité et leur sûreté, ne sont après tout que des subterfuges, et, à leur égard, c'est plutôt d'imprévoyance que d'inconséquence que la loi peut être accusée. Je reconnais la justesse de cette observation. Laissant donc de côté ces expédients, qui ne sont pratiqués et qui ne peuvent être praticables qu'en arrière de la loi et à son insu, je vous demanderai la permission de rappeler à votre esprit deux autres manières de faire l'usure, qui, depuis l'existence de la loi, se pratiquent sous ses yeux et sous sa protection.

Je vous parlerai d'abord du prêt sur gage. Dans ce cas, assurément, il n'y a pas le moindre prétexte pour prendre au-delà de l'intérêt ordinaire : car ici la sûreté donnée est non seulement égale, mais supérieure à toute autre, puisqu'elle consiste dans la possession actuelle d'un effet mobilier d'une vente facile, sur laquelle le prêteur a le pouvoir et très certainement la volonté de donner la somme la plus convenable dans son intérêt. On conviendra sans doute que, s'il existe un cas dans lequel la faculté de prêter à un taux extraordinaire présente plus de danger que dans un autre, ce doit être dans celui-ci, où la classe habituelle des emprunteurs est justement la plus nécessiteuse, c'est-à-dire celle qui, sous le rapport de l'*indigence* ou de la *simplicité*, ou de ces deux circonstances réunies, est la plus exposée à devenir l'objet de la fraude ou de l'extorsion ; et cependant la loi, en réglant cette industrie, en protége ouvertement l'exercice. Je ne me rappelle pas précisément quel est le taux d'intérêt qu'elle permet de prendre dans ce cas ; mais je serais bien trompé s'il se montait à moins de 12 pour 100, et je suis assez disposé à croire qu'il est de beaucoup supérieur (1). Mais qu'il soit de 12 ou de 1,200, peu importe : l'excès d'intérêt, dans ce cas, est masqué sous le nom de *frais de magasinage*, comme, dans le cas du papier de circulation, il l'est sous

(1) L'intérêt que prend le Mont-de-Piété de Paris est de 12 pour 100. Quand les emprunteurs se servent de l'intermédiaire des commissionnaires, il s'élève de beaucoup au-delà. (*Note du traducteur.*)

celui de *commission*. Quant aux limites qui peuvent être tracées aux bénéfices de cette espèce d'industrie, je soutiens qu'elles résultent beaucoup plus de la concurrence, ainsi que cela arrive dans toutes les autres, que de la vigilance du législateur. Je ne me rappelle aucune raison de contester l'utilité des autres dispositions contenues dans les règlements relatifs à ce sujet.

L'autre espèce d'usure autorisée par la loi est le *prêt à grosse aventure*. Si quelque espèce d'usure doit être condamnée, je ne vois pas sur quelles considérations l'espèce particulière dont je parle pourrait se fonder pour prétendre à une exception. « Oh ! mais, dira Blackstone, ou quiconque s'imposera la tâche de trouver une raison pour justifier la loi, l'Angleterre est un pays maritime, et le commerce qu'elle fait par mer est le grand boulevart de sa défense. » Je ne rechercherai point ici si cette branche de commerce, que le docteur Smith a montrée être sous tous les rapports, excepté celui de la sûreté nationale, moins avantageuse pour un peuple que deux autres des quatre branches qui comprennent tout le commerce, a quelque droit, à ce titre ou à un autre, à leur être préférée. J'admets qu'elle ne jouit pas d'une plus grande liberté que celle dont elle a droit de jouir : ce que je voudrais savoir seulement, c'est pourquoi cette liberté serait avantageuse à la classe d'hommes qui se livrent au commerce maritime, tandis qu'elle serait funeste à tout autre. Serait-ce que la mer offre moins de hasards que la terre, ou bien qu'elle donne à ceux qui se confient à elle un degré de prévoyance et de réflexion qui a été refusé aux autres hommes?

Il me serait facile d'étendre beaucoup plus loin l'accusation d'inconséquence que j'ai portée contre la loi, en rappelant la liberté donnée à toutes les espèces d'assurances, aux achats et aux ventes d'annuités et de *post obits;* en un mot, en citant tous les cas où il est permis à un homme de courir un risque illimité, et de stipuler pour ce risque une compensation illimitée. Je ne vois pas, en vérité, où le défaut d'exemples pourrait m'arrêter. Et, en effet, dans l'ensemble des événements et des relations auxquels se rapportent les transactions humaines, où pourrait-on trouver une certitude absolue? Mais je mettrai fin volontiers à cette espèce d'argumentation, qu'on pourrait appeler *ad hominem*, d'abord parce qu'elle ne peut avoir ici qu'une valeur secondaire, et ensuite parce qu'elle est plus propre à confondre qu'à persuader et à instruire.

LETTRE IX.

●

OPINION DE BLACKSTONE.

J'espère qu'à présent vous devez penser, comme moi, qu'il y a tout juste autant de mal et pas davantage à stipuler les conditions les plus favorables possibles dans un prêt d'argent que dans tout autre marché que ce soit. Si telle n'est point votre opinion, c'est au moins celle de Blackstone, et je pense qu'elle doit avoir quelque poids dans votre esprit. Ce jurisconsulte, en parlant du taux de l'intérêt, établit un parallèle entre deux marchés, l'un ayant pour objet un prêt d'argent, l'autre la location d'un cheval, et il affirme sans hésiter que le mal de

faire un trop bon marché est exactement aussi
grand dans un cas que dans l'autre. Comme dans
ce passage de Blackstone les prêts d'argent forment ce que vous autres légistes appelez *l'objet
principal*, il laisse de côté l'exemple de la location des chevaux dès qu'il en a tiré l'éclaircisse-
ment qu'il s'en était proposé; mais comme, selon
moi, le raisonnement par lequel il appuie sa décision, aussi bien que celui par lequel toute
autre personne aurait pu l'appuyer, s'applique
aussi exactement à l'une de ces deux espèces de
marchés qu'à l'autre, je poursuivrai le parallèle
un peu plus loin, et je donnerai la même étendue au raisonnement qu'à la proposition qu'il a
pour but de justifier. Cette extension ne sera pas
sans utilité : car, si la proposition ainsi étendue
est trouvée juste, on en pourra tirer une conclusion pratique, savoir, que le bienfait des mesures restrictives doit être étendu du commerce
d'argent au commerce des chevaux. D'après
tout ce que j'ai dit plus haut, il est bien évident sans doute que, pour ma part, je ne saurais, ni dans l'un ni dans l'autre cas, approu-
ver de pareilles mesures; mais enfin, si des opinions plus respectables que les miennes devaient encore prévaloir, je pense qu'elles ne

seraient pas moins respectables, pour être con-
séquentes.

Dans le parallèle que le savant commentateur
a établi, l'espèce de marché qu'il suppose de
part et d'autre est un prêt. Mais comme, selon
moi, il importe peu, au moins dans le raisonnement, qu'il s'agisse de prêt ou de vente, et que,
dans cette dernière supposition, l'utilité de la
conclusion doit avoir plus d'étendue, c'est aussi
celle que je ferai, en adaptant en conséquence
l'argumentation au cas plus important de la
vente des chevaux.

Une circonstance qui pourrait faciliter l'extension des mesures restrictives qui nous occupent au commerce des chevaux, c'est que le
public a déjà flétri ce commerce par un nom
particulier, et je répondrais qu'il s'en faut de
bien peu qu'à l'oreille de plus d'un digne *gentleman,* le nom de *maquignonnage,* que l'on emploie si fréquemment pour désigner l'industrie
de ceux qui vendent des chevaux, ne sonne tout
aussi mal que celui d'usure. Or il est bien connu des hommes de parti, comme de ceux qui
s'en rapportent à la sagesse des proverbes, que,
lorsqu'on veut tuer son chien, on a fait le plus
difficile lorsqu'on l'a ditenragé. J'en viens main-

tenant à l'application que je me suis proposée. Dans ce qu'on va lire, tous les mots en italiques sont de moi; tout le reste est de sir William Blackstone. Je rétablis au bas de chaque page les mots que j'ai été obligé d'écarter pour faire place aux miens.

« Il est également contraire à la probité de demander un prix exorbitant, soit pour la location d'un cheval, soit pour le prêt d'une somme d'argent; mais un équivalent raisonnable pour le dommage que le propriétaire de l'une ou de l'autre de ces deux choses peut éprouver en s'en privant temporairement, ou pour le risque qu'il court de perdre entièrement sa propriété, n'est pas plus immoral dans un cas que dans l'autre.

« Quant à *vendre des chevaux*, il y a une distinction capitale à faire entre un profit modéré et un profit exorbitant : dans le premier cas, nous donnons à cette industrie le nom de *commerce de chevaux* (1), et dans l'autre, celui justement odieux de *maquignonnage* (2). La première espèce de profit est nécessaire dans toute

(1) D'intérêt.
(2) D'usure.

société civile, ne fût-ce que pour exclure la dernière. Car, comme le dit Grotius, en résumant si bien tout ce qui se rapporte à cette matière, si la compensation donnée par la loi n'excède pas le *dommage que doit éprouver le propriétaire du cheval en s'en séparant* (1), ou le besoin *que l'acheteur a de ce cheval* (2), cette compensation ne se trouve contraire ni à la loi révélée ni à la loi naturelle. Mais, si elle excède ces limites, elle n'est plus qu'un *maquignonnage* (3) tyrannique, que les lois municipales peuvent bien laisser impuni, mais qu'elles ne sauraient jamais rendre juste.

« On voit que l'exorbitance ou la modération *du prix donné pour un cheval* (4) dépendent de deux circonstances : 1º du dommage que l'on peut éprouver en se privant *du cheval dont on est propriétaire* (5), et 2º du risque de *n'en*

(1) Le risque couru.

(2) Que l'emprunteur a de l'argent.

(3) Usure.

(4) De l'intérêt pris pour une somme d'argent prêtée.

(5) De la somme d'argent dont on est actuellement en possession.

8.

pas retrouver un semblable (1). Ces circonstances ne peuvent jamais être appréciées par la loi pour le compte des *marchands de chevaux* (2). *Le prix général des chevaux* (3) résulte entièrement de la quantité *de ces animaux* (4) existant dans le royaume. Plus est grande cette quantité totale dans un pays, plus aussi doit l'être celle qui excède les besoins de la *consommation* (5) Dans chaque nation, ou dans chaque communauté publique, il y a une certaine quantité de *chevaux* (6) nécessaire, que tout homme versé dans l'arithmétique politique pourrait peut-être calculer aussi exactement qu'un *marchand de chevaux* (7) particulier pourrait supputer les demandes de chevaux (8) qui seront faites dans *ses écuries* (9). Tout ce qui est au-delà de cette quantité nécessaire peut être

(1) De la perdre entièrement.
(2) Prêteurs.
(3) Le taux général de l'intérêt.
(4) D'argent.
(5) Circulation.
(6) D'argent.
(7) Banquier.
(8) D'argent.
(9) Ses bureaux.

ou tenu en réserve, ou prêté, ou *vendu*, sans beaucoup d'inconvénient pour les prêteurs ou *vendeurs*. Plus cette superfluité nationale est grande, plus les *vendeurs* (1) sont nombreux, et plus aussi doit être modéré *le prix national des chevaux* (2) ; mais là où il n'y a point assez, ou bien où il y a tout juste assez de *chevaux en réserve* (3) pour répondre aux besoins ordinaires du public, *le prix des chevaux* (4) doit être proportionnellement élevé : car, comme alors il n'y a que peu de gens à qui il soit avantageux de *vendre* (5), il ne doit y avoir aussi que peu de *vendeurs* (6). »

Telle est, sur cette matière, l'opinion du savant commentateur.

Je pense que, maintenant, vous devez vous sentir pénétré d'indignation en réfléchissant à l'inconséquence, à la négligence dont la loi s'est rendue coupable en ne supprimant pas le *maqui-*

(1) Prêteurs.
(2) Le taux national de l'intérêt.
(3) D'argent circulant.
(4) L'intérêt de l'argent.
(5) Prêter.
(6) Prêteurs.

gnonnage, ce qui lui eût été si facile de faire, en fixant seulement le prix des chevaux. Personne, assurément, n'est moins disposé que moi à manquer de charité; mais quand on pense aux 1,500 liv. qu'a coûté *l'Éclipse,* aux 2,000 liv. qu'a coûté *Rockingham,* et à tant d'autres faits semblables, quand on réfléchit au peu de respect que durent avoir pour *la loi naturelle* et pour *la loi révélée* ceux qui stipulèrent et qui acceptèrent des prix aussi énormes, qui pourrait ne pas se sentir révolté? Lorsqu'on en viendra à proposer une *loi municipale,* pour réduire de nouveau le taux de l'intérêt, ce sera l'occasion pour quelqu'un des membres du Yorkshire de demander une clause additionnelle fixant et réduisant le prix des chevaux. Je n'ai pas besoin de m'étendre sur l'utilité de ces précieux animaux, qui depuis long-temps auraient pu être à aussi bon marché que les ânes, si nos législateurs, fidèles à leurs devoirs en supprimant l'usure, n'y avaient point manqué en laissant subsister le *maquignonnage.*

On peut dire, contre la proposition de fixer le prix des chevaux, que tous n'ont pas la même valeur. Mais à cela je réponds, et c'est ce que je vous prouverai, j'espère, quand j'en viendrai à parler du délit de *champerty* (1), que l'usage d'une même somme d'argent n'a pas non plus la même valeur dans toutes les occasions, ni pour tous les individus, et que les différences qu'on peut observer dans le premier cas ne sont ni plus nombreuses ni moins grandes que celles qu'on peut observer dans le second.

(1) Voyez la lettre XII.

LETTRE X.

FONDEMENTS DES PRÉJUGÉS CONTRE L'USURE.

Autre chose est de trouver les raisons pour lesquelles il est convenable qu'une loi existante ait été faite, autre chose est de trouver les raisons pour lesquelles elle a été faite ; en d'autres termes, autre chose est de justifier une loi, autre chose est de reudre raison de son existence. Si les observations que j'ai pris la liberté de vous soumettre sont justes, il est évident que, dans l'espèce qui nous occupe, la première tâche est impossible à remplir. Il n'en est pas de même de l'autre ; et si cette recherche ne peut offrir de

nouveaux motifs de conviction, elle peut au
moins contribuer à satisfaire l'esprit. Rapporter
une erreur à sa source, dit lord Coke, c'est la
réfuter; et il y a beaucoup de gens qui, jusqu'à
ce qu'ils aient reçu cette satisfaction, ne sauraient
complétement s'affranchir d'une erreur, quelque évidente d'ailleurs qu'elle puisse leur paraître. « Si nos ancêtres ont été jusqu'à présent
dans l'erreur, d'où cela vient-il, et comment y
sont-ils tombés? » Telle est la question qui se présente en pareil cas. C'est que, en matière de loi
principalement, tel est l'empire que l'autorité
exerce sur nos esprits, et telle est la force du
préjugé qu'elle crée en faveur de quelque institution que ce soit, lorsqu'une fois elle l'a prise
sous sa protection, que, même après que nous
avons découvert le vice ou la nullité de toutes
les raisons qui peuvent avoir été imaginées pour
justifier cette institution, nous ne pouvons pas
cependant nous empêcher de lui chercher encore quelque raison cachée, capable de la légitimer. Mais si, au lieu de lui trouver une pareille
raison, nous parvenons à découvrir son origine
dans quelques notions dont l'erreur nous soit
déjà démontrée, alors nous renonçons volontiers
à lutter plus long-temps en sa faveur; mais c'est

seulement alors que notre satisfaction est complète.

Dans l'opinion du plus grand nombre de ceux qui nous ont transmis la religion que nous professons, la vertu, ou plutôt la sainteté, qui avait été substituée à la vertu, comme comprenant plus de perfection, consistait dans l'abnégation de soi-même; sentiment qui, chez les individus, n'avait point pour objet l'amour de la société, mais bien l'amour d'eux-mêmes. De cette opinion résultait une règle générale, applicable à la plupart des cas : *Ne fais point ce que tu voudrais faire ; ou, en d'autres termes, ne fais point ce qui pourrait tourner à ton avantage.* Par là on entendait parler de tout avantage temporel, qui, dans la croyance générale, était regardé comme étant constamment et diamétralement opposé aux avantages spirituels: car, selon cette croyance, la preuve que l'être doué de toute puissance et de toute bonté avait résolu de rendre heureux, dans une vie *future,* le petit nombre de ses favoris, résultait justement de sa volonté déterminée qu'ils demeurassent aussi étrangers que possible au bonheur dans la vie *actuelle.* Or gagner de l'argent est l'objet de l'ambition de presque tous les hommes, attendu que quiconque a de l'argent peut, en proportion de ce qu'il en possède, se procurer la plupart des autres choses qu'il désire. Personne ne devait donc chercher à gagner de l'argent ; et, en effet, pourquoi se serait-on proposé d'en gagner lorsqu'on ne devait pas même garder celui qu'on possédait déjà ? Prêter de l'argent à intérêt, c'est gagner de l'argent, ou au moins vouloir en gagner : ce fut donc un acte répréhensible que de prêter de cette manière, d'autant plus répréhensible que les conditions étaient plus avantageuses, mais qui l'était toujours dès qu'on en tirait quelque profit. Ce qu'il y avait de pis, dans ce cas, c'est que c'était se conduire comme un juif : car, bien que les premiers chrétiens aient été juifs, et que, long-temps même après leur conversion, ils aient continué à suivre les mêmes pratiques que les autres juifs, cependant on vint à découvrir, dans la suite des temps, qu'on ne pourrait jamais mettre trop de distance entre l'église-mère et sa fille.

Peu à peu de nouvelles manières de voir firent place aux anciennes. La nature l'emporta, et les raisons qui avaient fait regarder d'abord comme illicite tout effort pour gagner de l'argent perdirent en général tout crédit. Cependant, cette manière *judaïque* d'en gagner (prêter de l'argent à intérêt) fut considérée comme trop odieuse pour être tolérée. Les chrétiens persécutaient les juifs avec trop d'acharnement pour se laisser aller à la tentation de les imiter, fût-ce même pour gagner de l'argent. On suivit une méthode beaucoup plus facile, et qui, pendant long-temps, fut généralement en vogue. Ce fut de laisser les juifs gagner de l'argent comme ils l'entendaient, et de le leur prendre ensuite toutes les fois qu'on en avait besoin.

Lorsque, dans la suite des temps, toutes les questions vinrent à être discutées de nouveau, et entre autres celle-ci, qui n'était pas la moins intéressante, le parti anti-juif trouva un appui, qui n'était pas de peu d'importance, dans un passage d'Aristote, ce célèbre païen qui, sur tous les points où le paganisme n'avait point détruit sa compétence, avait établi un empire despotique sur le monde chrétien. Il arriva, on ne saurait dire comment, que ce grand philosophe, avec tout son talent et toute sa pénétration, malgré le grand nombre de pièces d'argent qui avaient passé par ses mains (nombre plus grand peut-être que celui qui ait jamais passé avant ou depuis dans les mains d'aucun philosophe), et malgré

les peines toutes particulières qu'il s'était données pour éclaircir la question de la génération ,
ne put jamais parvenir à découvrir dans aucune
pièce de monnaie quelque organe qui la rendît
propre à en engendrer une autre. Enhardi par
une preuve négative de cette force, il s'aventura
à donner au monde le résultat de ses observations sous la forme de cette proposition universelle , *que, de sa nature, tout argent est stérile*.
Vous , mon ami, sur qui la saine raison a beaucoup plus d'empire que l'ancienne philosophie,
vous aurez déjà remarqué , sans doute, que ce
que l'on aurait dû conclure de cette observation
spécieuse, s'il y avait lieu d'en conclure quelque
chose , c'est qu'on essaierait vainement de tirer
5 pour 100 de son argent, et non pas qu'on ferait
mal si on parvenait à en tirer ce profit. Mais
ce fut autrement que les sages de l'époque en
jugèrent.

Une considération qui ne s'est point présentée
à l'esprit de ce grand philosophe, et qui , si elle
s'y fût présentée, n'aurait point été tout-à-fait
indigne de son attention , c'est que, bien qu'une
darique fût aussi incapable d'engendrer une autre darique que d'engendrer un bélier ou une
brebis, un homme , cependant, avec une dari-

que empruntée, pouvait acheter un bélier et deux brebis, qui, laissés ensemble, devaient probablement, au bout de l'année, produire deux ou trois agneaux ; en sorte que cet homme, venant, à l'expiration de ce terme, à vendre son bélier et ses deux brebis pour rembourser la darique, et donnant en outre un de ses agneaux pour l'usage de cette somme, devait encore se trouver de deux agneaux, ou d'un au moins, plus riche que s'il n'avait point fait ce marché.

Ces imaginations théologiques et philosophiques, qui étaient alors en parfaite harmonie avec l'état général des esprits, ne furent pas peu secondées par l'action d'autres causes d'une nature plus profonde et plus durable.

La profession de prêteur d'argent, bien qu'elle n'ait été proscrite que depuis l'établissement du christianisme, et seulement chez les peuples chrétiens, n'a pourtant été populaire à aucune époque et dans aucun pays (1). Ceux qui sacrifient le présent à l'avenir sont naturellement les objets de l'envie de ceux qui ont sacrifié l'avenir au présent. Les enfants qui ont mangé leur gâ-

____

(1) Voyez l'Introduction.

teau sont les ennemis naturels de ceux qui ont conservé le leur. Tant qu'on espère obtenir l'argent dont on a besoin, et quelque temps encore après qu'on l'a obtenu, on regarde celui qui prête comme un ami et un bienfaiteur; mais bientôt l'argent est dépensé, et arrive l'heure maudite où il faut payer. Le bienfaiteur alors se trouve avoir changé de nature : ce n'est plus qu'un tyran et un oppresseur, car c'est une oppression que de réclamer son argent, tandis qu'il est tout naturel de ne pas rendre celui qu'on doit. Chez les gens irréfléchis, c'est-à-dire dans la grande masse du genre humain, les affections égoïstes conspirent avec les affections sociales pour attirer toute la faveur sur le dissipateur, et [pour refuser toute justice à l'homme économe qui a fourni à ses besoins. Le premier, quel que soit le point de sa carrière auquel il soit parvenu, est toujours assuré de voir l'intérêt public, sous une forme ou sous une autre, s'attacher à sa personne; tandis que le second, à aucune époque de sa vie, ne doit s'attendre à une pareille faveur. Ceux qui vivent avec un homme sont intéressés à ce que sa dépense soit au moins aussi élevée que sa fortune le comporte, attendu qu'il n'y a point d'espèce de dépense dans laquelle un individu puisse se jeter dont les avantages ne soient partagés à un degré ou à un autre par tous ceux qui l'entourent. De là cette loi éternelle qui interdit à tout homme, sous peine d'infamie, la faculté de réduire sa dépense au-dessous de sa fortune, en lui laissant toujours celle d'ailleurs de la porter au-dessus, tout autant qu'il peut juger à propos dele faire. Or il peut bien arriver que les moyens que l'on attribue à un individu, par suite de cette loi, soient de beaucoup au-dessus de ceux qu'il possède réellement, mais il n'arrive jamais qu'ils soient au-dessous. Il existe généralement une relation si intime entre l'idée de dépense et celle de mérite, qu'une disposition à dépenser trouve faveur, même aux yeux des gens qui savent que l'individu qui s'y abandonne excède ses propres ressources, et que le premier venu, par suite de cette association d'idées, et sans autre recommandation qu'un penchant à la dissipation, peut facilement acquérir un fonds permanent de considération, au préjudice des individus eux-mêmes aux dépens desquels il a satisfait ses appétits et son orgueil. Le lustre que l'étalage d'une richesse empruntée a jeté sur son caractère soumet les hommes à son insolence pendant tout le cours de

sa prospérité, et lorsque enfin la main de l'adver-
sité vient à s'apesantir sur sa tête, le souvenir de
la hauteur d'où il est tombé couvre ses injustices
du voile de la compassion.

La condition de l'homme économe est toute
différente. Son opulence permanente lui attire
une partie au moins de l'envie qui s'attache à la
splendeur passagère du prodigue ; mais l'usage
qu'il en fait ne lui permet pas de prétendre à la
faveur qui attend ce dernier : c'est que personne
ne peut participer à la satisfaction que lui pro-
cure sa fortune, satisfaction qui se compose seulement du plaisir de la possession actuelle et de
l'espérance de *jouir* de ses épargnes à quelque époque éloignée, qui peut-être pour lui n'arrivera jamais. Au milieu de son opulence, les autres hommes le regardent donc comme une espèce de ban-
queroutier qui refuse de faire honneur aux man-
dats que leur rapacité voudrait tirer sur lui, et qui
en cela est d'autant plus coupable qu'il ne peut
alléguer son impuissance pour excuse.

Si l'on pouvait encore douter de la défaveur
qui s'attache au prêteur dans ses rapports avec
l'emprunteur, et de la disposition du public à
sacrifier l'intérêt du premier à celui du dernier,
on en trouverait une preuve concluante dans ce

qui se passe au théâtre. Le moyen de succès que la réflexion ne peut manquer de suggérer à un auteur dramatique, et celui auquel il doit naturellement recourir, sans même s'en rendre compte, consiste à conformer ses ouvrages aux passions et aux caprices du public. Il peut bien sans doute, comme cela arrive si souvent, afficher la prétention de donner la loi à ses juges; mais malheur à lui si effectivement il prétendait leur en donner une autre que celle qu'ils sont disposés à recevoir! S'il entreprend de faire faire un seul pas au public, ce ne doit être qu'avec la plus grande précaution, et à la condition pour lui-même d'en faire douze à son tour sous la direction de ceux qu'il a voulu guider. Maintenant je demande si, parmi toutes les situations dans lesquelles un emprunteur et un prêteur ont été produits sur la scène, depuis les jours de Thespis jusqu'aux nôtres, il en est une seule dans laquelle le premier ne soit pas recommandé à la faveur du public, d'une manière ou d'une autre, soit à son admiration, soit à son amour, soit à sa pitié, soit même à ces trois sentiments réunis; et où l'autre, l'homme économe, ne soit voué à l'infamie?

De l'action de toutes ces causes diverses il

résulte que , toutes les fois qu'on en vient à
examiner et à régler les intérêts de ces parties,
en apparence rivales, le profit fait par l'emprunteur passe si facilement inaperçu, tandis que
celui du prêteur se présente sous un point de
vue si exagéré, et que, bien que le préjugé se soit
modéré au point de permettre au prêteur de tirer quelque profit de son argent, dans la crainte
sans doute que l'emprunteur ne fût privé de son
secours, celui-ci continue à être l'objet de toutes
les faveurs de la loi, tandis qu'elle ne cesse de
réduire le bénéfice du prêteur. Ce bénéfice d'a-
bord fut limité à 10 pour 100, puis à 8, puis à
6, puis à 5, et dernièrement il a été question de
le réduire à 4, en se réservant constamment,
bien entendu, la liberté de le réduire encore et
aussi bas que possible. Le fardeau de ces restrictions a été destiné exclusivement au prêteur ;
mais, dans la réalité, comme je crois l'avoir démontré , il pèse bien plus lourdement sur l'emprunteur, c'est-à-dire sur l'individu qui parvient
effectivement à emprunter, ou sur celui qui désire vainement d'y parvenir. C'est que, comme
nous l'apprend le docteur Smith, les présents
que fait le préjugé n'arrivent point toujours à la
destination qui leur est assignée : ce fut ainsi que

la pierre destinée à écraser les accapareurs de
blé, ces *vermines*, comme on les appelait, re-
tomba en définitive sur la tête des consomma-
teurs; c'est ainsi..... Mais je dois m'abstenir de
citer d'autres exemples, qui m'écarteraient de
mon sujet.

LETTRE XI.

DE L'INTÉRÊT COMPOSÉ.

Je vous demanderai la permission de vous soumettre quelques observations sur l'intérêt composé, car cet intérêt est aussi traité avec défaveur par la loi, sans doute, à ce que je suppose, parce qu'elle le considère comme une sorte d'usure. Que, sans une stipulation expresse, la loi n'accorde point l'intérêt composé, c'est ce que je me rappelle fort bien ; mais qu'elle l'accorde dans le cas d'une pareille stipulation, c'est ce dont je ne suis pas absolument sûr. Dans tous les cas je ne pense pas que la loi puisse le punir sous le nom d'usure.

Si la défaveur dont l'intérêt composé est l'objet a pour fondement l'horreur du péché d'usure, elle doit disparaître devant les raisons qui démontrent la parfaite innocence de ce prétendu péché.

Je ne pense pas qu'on ait jamais avancé d'autre argument contre cette espèce de convention, à moins qu'on ne considère comme tel l'épithète de *dure* qui lui a été donnée; épithète, il est vrai, qui ressemble plus à une *raison* que ce qu'on a coutume d'obtenir de la *loi commune*.

Si l'on pouvait espérer de trouver dans la *loi commune* cette conséquence, cette harmonie, qui n'ont jamais été trouvées dans la conduite d'aucun homme, et qui peut-être ne sont point l'apanage de la nature humaine, l'intérêt composé n'aurait jamais été refusé.

Je crois pouvoir affirmer que les motifs qui ont suggéré l'idée de ce refus ont été très louables, mais j'affirme en même temps que les conséquences de cette mesure sont très pernicieuses.

Si l'emprunteur paie au jour convenu l'intérêt dont il est redevable, s'il remplit son engagement, l'engagement que la loi prétend l'obligerà remplir, le prêteur qui reçoit cet intérêt en tire, par le fait, un intérêt composé en le prêtant de nouveau, à moins qu'il ne préfère l'appliquer à ses besoins et le dépenser. Dans tous les cas, il s'attend à le recevoir au jour fixé : autrement que signifierait l'engagement? S'il ne le reçoit point, il éprouve un dommage, tandis que l'emprunteur, qui ne perd rien s'il paie au jour convenu, gagne au contraire quelque chose s'il manque à son engagement. Le premier, dans ce cas, éprouve une peine de désappointement dont l'autre est complétement à l'abri. La cause de l'homme dont le but est de faire un profit se trouve ainsi préférée à la cause de celui dont le but est d'éviter une perte, ce qui est tout-à-fait contraire à la maxime sage et salutaire de cette branche de la *loi commune* qui a acquis le nom d'*équité*(1). L'avantage que la loi, dans sa bienveillance, accorde ainsi à celui qui manque à ses engagements devient un encouragement qu'elle donne, une récompense qu'elle promet à l'indolence, à la négligence, au défaut de foi, à l'iniquité; et la perte qu'elle fait peser sur le prêteur indulgent est une punition qu'elle lui inflige pour sa douceur, comme le pouvoir qu'elle lui donne

(1) Voyez la note de la page 144.

d'éviter cette perte en poursuivant l'emprunteur au moment où il devrait payer et où il manque de le faire renferme une sorte de récompense qu'elle propose à sa rigueur et à sa dureté. L'homme, sans doute, n'est pas aussi bon qu'on pourrait le désirer; mais il serait véritablement méchant s'il se montrait tel dans toutes les occasions où la loi, autant qu'il était en son pouvoir, lui a donné intérêt de l'être.

Il peut être impossible, direz-vous, et souvent en effet il est impossible à l'emprunteur de payer au jour convenu l'intérêt de sa dette; mais la conclusion qu'on doit tirer de là, selon moi, c'est que, d'une part, le créancier ne doit point avoir la faculté de ruiner le débiteur parce que celui-ci n'a point payé à jour fixe; et de l'autre, qu'il doit recevoir une indemnité pour la perte que lui a occasionée ce défaut d'exactitude. Mais c'est tout le contraire : il a la faculté de ruiner son débiteur, et n'a pas celle de recevoir de lui une indemnité. Si le débiteur poursuivi pouvait avoir accès auprès du juge, celui-ci pourrait lui accorder un répit convenable, approprié aux circonstances des parties; mais, d'après la manière dont les choses sont réglées, cela est impossible. Le débiteur peut bien parvenir à se procurer du répit; mais ce n'est qu'en obligeant son créancier à le suivre dans tous les détours de formalités inutiles et funestes , et en achetant le délai qu'il obtient de cette manière au prix décuple ou centuple de l'intérêt composé. Le créancier ne reçoit aucune indemnité , soit pour le dommage primitif qu'il a éprouvé en ne recevant point au jour convenu l'intérêt qui lui était dû, soit pour les vexations subséquentes dont ce premier dommage a été l'occasion , et qui sont venues l'aggraver ; mais les instruments de la loi, en revanche, reçoivent à ses dépens, ou à ceux du débiteur, peut-être dix fois, peut-être même cent fois, le montant de ce qu'aurait été cette indemnité : voilà en définitive ce que produit la bienveillance de la loi.

Il résulte de cette bienveillance que, dans un grand nombre de cas, un homme solvable , en payant ses dettes légitimes , celles dont la loi a reconnu la justice, se soumet à une perte réelle, et qu'en obéissant aux inspirations de la plus stricte probité , en faisant ce que la loi prétend lui prescrire , il se manque à lui-même.

LETTRE XII (1).

DES DÉLITS DE MAINTENANCE ET DE CHAMPERTY.

Ayant eu occasion dans les lettres précédentes de poser, et j'espère aussi de justifier le prin-

(1) Cette lettre, ayant pour objet deux espèces de délits qui n'ont point d'existence dans notre législation, pourra paraître d'abord n'offrir que peu d'intérêt à des lecteurs français. Deux considérations cependant nous ont engagé à la conserver dans cette traduction : d'abord, parce que les raisons données par Bentham contre l'intervention du législateur dans ce cas s'appliquent également à son intervention dans le cas de l'usure, et peuvent servir par conséquent à fortifier les arguments directs par lesquels il

cipe général suivant, savoir, *que nul homme parvenu à l'âge de raison, jouissant d'un esprit sain, agissant librement et en connaissance de cause, ne doit être empêché, même par des considérations tirées de son avantage, de faire comme il l'entend tel marché que ce soit, dans le but de se procurer de l'argent, et que par conséquent personne ne doit être empêché de lui donner ce qu'il demande aux conditions qu'il veut bien accepter,* je vous demanderai la permission de faire application de ce principe à une autre classe de restrictions encore moins faciles à justifier que celles que nous venons d'examiner. Je veux parler des lois antiques contre les délits que l'on désigne sous le nom de *maintenance* et de *champerty*.

Sous le titre de *maintenance*, vous compre-

l'a attaquée sous ce titre ; ensuite parce que, bien que les transactions prohibées par la législation anglaise sous les noms de *maintenance* et de *champerty* ne le soient point par la nôtre, et ne soient même l'objet d'aucune distinction dans nos codes, elles seraient pourtant susceptibles, au moyen d'une interprétation facile des lois contre l'usure, d'être poursuivies et punies par nos tribunaux comme une des formes particulières de ce dernier délit. (*Note du traducteur.*)

nez, je crois, entre autres offenses qui ne sont point de mon sujet, celle d'acheter un droit quelconque actuellement en litige, et qui ne peut être assuré que par un recours judiciaire.

Le délit de *champerty*, qui n'est qu'une modification particulière de celui de maintenance, consiste, je crois, à fournir à un individu en possession d'un droit de cette nature, par rapport à une propriété immobilière, l'argent qui peut lui être nécessaire pour faire reconnaître ce droit, à la condition de recevoir, pour cette avance, une partie de la propriété en litige en cas de succès.

Je ne me rappelle pas quelles sont les peines portées contre ces délits, et, bien que j'aie Blackstone sous ma main, je ne crois pas devoir prendre la peine de m'en enquérir. Elles sont certainement assez sévères pour atteindre leur but, et c'est tout ce qu'il importe de savoir.

Pour mettre en évidence les effets désastreux des lois qui ont établi ces peines, permettez-moi de vous raconter une histoire qui n'est malheureusement que trop vraie, et dont personnellement je puis garantir l'exactitude.

Un *gentleman* de ma connaissance hérita, pendant sa minorité, d'une propriété rapportant environ 3,000 livres par an. Son tuteur, lui ca-

chant la valeur de cette propriété, ce que les
circonstances lui rendaient facile, obtint de lui,
moyennant une bagatelle, lorsqu'il était encore
mineur, le transport de cet immeuble, et par-
vint, en continuant à le tenir dans la même
ignorance , à lui faire confirmer ce transport au
moment même où il atteignait sa majorité. A
quelques années de là, le pupille vint à découvrir
la véritable valeur de l'héritage dont il s'était
dépouillé. Les représentations officieuses qu'il fit
à son tuteur ayant été sans effet, comme on peut
bien l'imaginer, il s'adressa à la *cour d'équité*.
Le procès était déjà entamé, et l'opinion des plus
habiles jurisconsultes promettait une issue favorable ; mais le plaignant n'avait point d'argent,
et malheureusement il n'est que trop bien connu
de tout le monde qu'en dépit de l'infaillible in-
tégrité des juges , cette branche de la justice qui
est particulièrement honorée du nom d'*équité*(1) n'a d'action seulement qu'en faveur de ceux
qui ont une fortune à sacrifier pour se procurer
la chance d'en recouvrer une autre. On trouva

(1) La cour d'équité est une subdivision ou plutôt une
attribution particulière de la cour de l'échiquier. (*Note
du traducteur.*)

cependant deux personnes qui voulurent bien consentir à faire entre elles les frais de ce billet de loterie, à la condition de recevoir la moitié du gain, au cas échéant. L'affaire maintenant se présentait sous un aspect favorable, quand malheureusement un des deux aventuriers, en fouillant l'abyme sans fond (1), vint à déterrer un des vieux statuts contre le délit de *champerty*. Le marché fut aussitôt rompu. Cependant, sur ces entrefaites, le défendeur, ayant entendu dire que, d'une manière ou d'une autre, son adversaire avait trouvé des ressources, jugea convenable de proposer des arrangements, que le plaignant, après le *désappointement* qu'il venait d'éprouver, se trouva trop heureux d'accepter. Il reçut, je crois, 3,000 liv., et, pour cette somme, renonça à tous ses droits non seulement sur la propriété, qui rapportait à peu près annuellement autant, mais encore sur tous les revenus arriérés, qui se montaient environ à la valeur de la propriété elle-même.

Quant à savoir si, dans les temps barbares

____

(1) L'auteur entend désigner par ces mots la législation anglaise, dont l'incohérence est à ses yeux un des vices principaux. (*Note du traducteur.*)

qui donnèrent naissance à ces précautions barbares, même sous le zénith de l'anarchie féo-
dale, des lois aussi tyranniques ont pu être jus-
tifiées par l'état de la société, c'est là une question dont la solution, à mon avis, est beaucoup
plus propre à satisfaire la curiosité qu'à éclairer
l'esprit. Pour ma part, je pense que, quelle que
soit l'époque où l'on se place et que l'on imagine, le système légal, qui repousse d'un côté
les plaideurs qu'il appelle de l'autre, doit paraître également absurde et perfide. Quoi qu'il en
soit, tout le monde reconnaîtra au moins qu'entre les temps où nous vivons et ceux qui donnèrent et qui seuls pouvaient donner naissance à
ces lois il existe la même différence qu'entre la
lumière et les ténèbres. On pouvait craindre
alors, ce qui n'arrivait que trop fréquemment,
sans que de pareilles lois pussent y porter remède,
qu'un homme n'achetât un droit douteux dans
l'espoir de le rendre certain par sa puissance, et
que l'épée d'un baron entouré de ses satellites ne
fît trembler le juge sur son tribunal. Mais aujourd'hui qu'importent à un juge anglais les épées
de tous les barons du royaume? Sans crainte ou
sans espoir, sans haine ou sans amour, le juge
de nos jours est prêt en toute occasion à faire

usage avec un égal sang-froid du pouvoir juste
ou injuste que la loi a remis en ses mains. Dans
les temps dont nous parlons, vainement aurait-on
espéré de rencontrer une disposition aussi favorable à l'accomplissement du devoir, et à peine
aujourd'hui pourrait-on en désirer une qui le fût
davantage. De nos jours, il est vrai, la richesse
a le monopole de la justice, au préjudice de la
pauvreté, et l'effet nécessaire des restrictions de
la nature de celles dont nous parlons est de fortifier et d'étendre encore ce privilége de la fortune ; mais aucun des juges qui vivent actuellement n'est responsable de cet état de choses. La
loi a créé le monopole : elle le détruira quand
elle voudra.

Pour ne point m'écarter de mon sujet, je ne
rechercherai point par quels moyens il eût été
possible de remédier pleinement au cas de l'in-
fortuné *gentleman* en question, ainsi qu'au cas
de tant d'autres qui peuvent avoir éprouvé le
même sort. Je ne m'arrêterai point non plus à
considérer l'étrange situation dans laquelle des
juges, voyant les parties en présence et sachant
de quoi il s'agit entre elles, déclarent que, selon
la tournure que prendra un fait étranger au
fond de la cause, telle sera ou telle ne sera point

leur décision ; je me bornerai, pour le moment,
à indiquer le remède qu'il conviendrait d'apporter au mal, en tant qu'il peut résulter de cette
opinion générale, *que la loi doit préserver
les individus de tomber dans l'embarras, en
leur ôtant la faculté d'user des ressources que
leurs circonstances respectives peuvent leur
offrir.* Le seul remède utile et profitable, dans
ce cas comme dans tant d'autres, est de passer
l'éponge sur tout ce qui a été fait, d'abord sur
les lois gothiques contre les délits de *maintenance* et de *champerty*, et ensuite sur les lois
plus récentes contre l'usure. Considérez, par
exemple, quelle eût été la position du malheureux
gentleman dont je viens de vous parler, si ces
deux espèces de lois n'eussent point existé. Dans
le cas où les premières eussent été révoquées (et
en admettant que la cour d'équité mérite quelque confiance), après avoir rempli ses engagements envers ceux qui lui auraient fait les avances nécessaires pour suivre son procès, il aurait
gagné 1,500 liv. par an du produit de sa terre,
et tout autant du produit de la somme des revenus arriérés, au lieu de ne retirer de ses
droits, et cela encore seulement par accident,
qu'une somme de 3,000 liv. une fois payée. Dans

le second cas, celui de la non-existence des lois contre l'usure, on ne saurait apprécier au juste le bénéfice qu'il aurait pu faire. Me permettra-t-on d'avoir assez bonne opinion de la loi pour croire que la somme modique de 500 liv. lui aurait suffi pour soutenir son procès, en estimant la durée de celui-ci à environ trois ans? Je ne me dissimule point qu'on peut penser que c'est là bien peu d'argent et bien peu de temps pour un procès en cour d'équité; mais, pour l'intelligence du raisonnement, cette évaluation peut servir tout aussi bien qu'une autre. Je suppose maintenant qu'il ait cherché à se procurer la somme qui lui était nécessaire par voie d'emprunt, et qu'il ait été assez heureux ou assez malheureux, comme s'exprimeraient les lois contre le péché d'usure, pour trouver cette somme à 200 pour 100 d'intérêt: il aurait, dans ce cas, recouvré ses 6,000 liv. de revenu pour la moitié de cette somme une fois payée, au lieu de les céder à ce prix. Je ne prétends pas affirmer que, si les lois contre l'usure n'eussent point existé, il aurait certainement trouvé, même à ce taux, l'argent dont il avait besoin; peut-être n'aurait-il pas pu se le procurer à un taux décuple, mais peut-être aussi aurait-il pu

l'obtenir moyennant le dixième de cet intérêt.
Ce qu'il y a de certain, c'est qu'on peut croire
que sa position eût été meilleure dans ce cas, et
qu'on ne peut pas admettre qu'elle eût été pire.
Bien que la loi, dans *l'étroitesse* de ses vues,
n'eût pas compris sous le nom d'usure les conditions auxquelles un moment il avait trouvé à
traiter, ces conditions cependant, en estimant
le capital des 3,000 liv. de revenu cédées à vingt
fois la valeur de ce revenu, eussent équivalu à
4,000 pour 100. Je vous laisse à penser si
l'homme qui consentait à courir le risque absolu
de perdre son argent pour se ménager une telle
chance aurait imaginé d'exiger un intérêt aussi
exorbitant dans le cas où il n'aurait fait que le
prêter ; ce que l'on peut affirmer avec confiance,
parce que l'événement l'a démontré, c'est que la
somme nécessaire dans ce cas aurait été trouvée
à un taux qui n'aurait point excédé celui-là.
Quelle que soit donc l'opinion qu'on puisse avoir
sur les lois contre les cas désignés sous les noms
de *maintenance* et de *champerty,* je pense que
l'exemple en question, considéré par rapport
aux lois contre l'usure, devrait suffire pour prouver que, tant que les frais nécessaires pour obtenir la protection de la loi seront ce qu'ils sont,

l'intérêt de recourir à cette protection doit être en lui-même, indépendamment de toute autre considération, un motif suffisant pour laisser à chaque individu la liberté d'emprunter aux conditions auxquelles il trouve à le faire.

Crichoff, dans la Russie Blanche,
mars 1787.

LETTRE XIII.

❁

AU DOCTEUR SMITH,

SUR LES OBSTACLES APPORTÉS PAR LES LOIS
CONTRE L'USURE AUX PROGRÈS DE L'INDUSTRIE
INVENTIVE.

MONSIEUR,

Je ne me rappelle plus quel est celui des enfants de la controverse, parmi les Grecs, qui,
après avoir étudié, sous un maître éminent de
son choix, ce que dans ces temps-là on appelait
la sagesse, imagina, pour le premier essai public
de ses forces, de soutenir une attaque contre son

maître. Je ne sais pas si le public trouva ce début piquant, mais on peut supposer que le maître n'en fut pas très satisfait. L'objet de la thèse, en effet, était de prouver que l'élève ne devait rien à celui qui l'avait instruit. Au moment de me montrer sous un rapport aussi ingrat que ce Grec, je crois devoir chercher, autant qu'il est en moi, à pallier mon ingratitude. Au lieu donc de prétendre que je ne vous dois rien, je commence par reconnaître que les points sur lesquels je me trouve d'accord avec vous doivent être ceux aussi sur lesquels j'approche le plus de la vérité. Je pourrais même dire que je vous dois tout : car si je parviens à remporter sur vous quelque avantage, ce ne peut être qu'avec les armes que vous m'avez fournies, et dont vous-même m'avez appris à faire usage ; et, en effet, comme tous les grands principes à l'autorité desquels on peut en appeler dans cette discussion ont été établis par vous, si je ne me trompe, il m'est presque impossible d'imaginer un autre moyen de vous convaincre d'erreur que de vous juger d'après vous-même.

Dans les lettres auxquelles celle-ci fait suite, j'avais déjà poussé fort loin mon examen du système des lois qui fixent le taux de l'intérêt, combattant chemin faisant les arguments qui je considérais plutôt comme des créations de l'imagination que comme des fruits de l'observation, lorsque tout à coup mes souvenirs me présentèrent votre formidable image couvrant le champ que je venais de parcourir tout à mon aise, et opposant son autorité à tous les raisonnements que j'avais pu produire.

Cicéron disait qu'il lui était doux de penser que c'était principalement sur le terrain de la défense qu'il avait fait usage de ses talents. Sans pouvoir prétendre en aucune occasion à l'éloquence de ce célèbre Romain, dans celle-ci au moins j'ai cela de commun avec lui que je puis goûter la même satisfaction. En effet, si j'ai la présomption de lutter avec vous, c'est seulement pour défendre une classe d'hommes qui a eu le malheur de tomber sous la verge de votre déplaisir, et que je regarde, moi, non seulement comme innocente, mais même comme très méritoire. Je veux parler des *hommes à projets,* nom odieux que vous donnez, je crois, à tous ceux qui, dans la poursuite de la fortune, s'imaginent de prendre quelque route nouvelle, et surtout celle de l'invention.

C'est dans le but avoué de tenir en bride, ou

plutôt d'anéantir ces hommes aventureux, que
vous rangez avec les prodigues, que vous ap-
prouvez les lois qui limitent le taux de l'intérêt,
vous fondant en cela sur la tendance que paraissent avoir ces lois à soustraire les capitaux à ces
deux classes d'hommes. Voici le passage où
votre opinion à cet égard se trouve exprimée :

« Il convient d'observer que, bien que l'intérêt légal doive être de quelque chose au-dessus
du taux le plus bas du marché, il ne doit pas
cependant l'excéder de beaucoup. Si le taux légal de l'intérêt, dans la Grande-Bretagne par
exemple, se trouvait porté jusqu'à 8 ou 10 pour
100, la plus grande partie de l'argent destiné à
être prêté le serait aux prodigues et aux *hommes
à projets,* qui seuls consentiraient à donner un
intérêt aussi élevé. Les gens sages, qui ne veulent donner pour l'usage de l'argent qu'une partie du gain qu'ils en peuvent tirer, ne voudraient point entrer en concurrence avec eux.
Une grande portion du capital du pays se trouverait ainsi retirée des mains les plus capables d'en faire un emploi profitable et avantageux, pour être livrée à celles qui, selon toute
apparence, ne pourraient qu'en faire un mauvais usage. Que si, au contraire, l'intérêt lé-

gal n'excède que de très peu de chose le taux le plus bas du marché, les gens sages alors sont généralement préférés, comme emprunteurs, aux prodigues et aux hommes à projets, attendu que le prêteur obtient des premiers un intérêt à peu près égal à celui qu'il pourrait exiger des derniers, et que son argent est beaucoup plus en sûreté dans les mains des uns que dans celles des autres. Ainsi une grande partie du capital du pays se trouve placée dans les mains qui, probablement, l'emploieront de la manière la plus avantageuse. »

Il arrive, heureusement pour le parti que vous paraissez avoir embrassé, et malheureusement pour celui que je soutiens, que la dénomination dont l'habitude du langage vous a autorisé à vous servir, et dont sa pauvreté d'ailleurs vous a forcé de faire usage, est une de celles qui entraînent une idée de réprobation qui s'attache ici sans exception, et comme à juste titre, à tous ceux auxquels cette dénomination s'applique. Il est inutile de rechercher pour le moment l'origine de cette prévention, ou d'en discuter la justice ou le fondement : le fait est qu'elle existe, ce dont vous conviendrez, je pense, avec tout le monde. Tel étant le cas, il arrive que le procès

se trouve déjà jugé, au moins en première in-
stance, si même il ne l'est pas irrévocablement,
dans l'esprit de tous ceux qui, étant incapables
d'analyser leurs idées, ou ne voulant point s'en
donner la peine, consentent à ce que leurs esprits demeurent soumis à la tyrannie des mots,
ce qui est le cas dans lequel se trouve la très
grande majorité de ceux qui sont appelés à prononcer entre nous deux. Demander à de tels
juges s'il convient de réprimer les projets et les
hommes à projets, ce n'est autre chose que leur
demander s'il convient de réprimer la témérité,
la folie, l'absurdité, le vol et la dévastation.

Je ne dirai rien de plus des prodigues quant à
présent. J'ai déjà exposé les raisons qu'il y avait
de penser que ce n'était point parmi eux que se
trouvaient habituellement les emprunteurs à
haut intérêt. Si ces raisons sont bonnes, il s'en-
suit que le fardeau des lois restrictives, salutaire, selon vous, en tant qu'il pèse sur les
prodigues et les *hommes à projets,* retombe
entièrement sur les derniers. Si l'on voulait
apprécier la justice de la censure dont vous
frappez cette classe, il pourrait être nécessaire
de savoir ce que vous entendez par ces mots
homme à projets, et à quelle espèce de gens vous

appliquez cette dénomination, ainsi que la censure dont elle emporte l'idée. Mais cela est inutile
pour juger de la convenance de la loi que cette
censure est destinée à justifier. Il n'importe pas
davantage de savoir si, dans le cas où les diverses
espèces d'hommes à projets viendraient à passer
sous vos yeux, vous ne seriez pas disposé vous-
même à faire quelques exceptions en faveur de
telle ou telle nuance ou de tels ou tels individus.
Ce qu'il y a de certain, c'est que la loi ne fait point
d'exceptions, et qu'elle tombe avec un poids égal,
et de tout son poids, sur tous les individus, sans
distinction, auxquels ce nom, dans la signification la plus étendue et la plus impartiale qu'il soit
susceptible de recevoir, peut être applicable.
Elle tombe, ce qui revient à peu près à ce qui
a été dit plus haut, sur tous ceux qui, dans la
poursuite de la richesse ou même de quelque
autre objet, essaient, avec le secours de la richesse elle-même, de se frayer quelque route
nouvelle; elle tombe sur tous ceux qui, dans la
culture des arts que l'on a appelés *utiles* par excellence, s'appliquent à étendre encore leur utilité en prenant principalement pour but de leurs
efforts tout ce qu'on peut appeler *progrès*, soit
qu'ils se proposent, dans ce but, de produire quel-

que nouvel objet approprié à l'usage de l'homme,
ou seulement d'améliorer la qualité ou de diminuer le prix de ceux dont il est déjà en possession ; elle tombe, en un mot, sur toutes les espèces de tentatives humaines dans lesquelles l'intelligence a besoin du secours de la richesse.

Si l'existence d'un taux d'intérêt élevé et extraordinaire n'intéresse en rien le prodigue,
comme je le prétends, cette circonstance, comme
vous l'observez très justement, est tout-à-fait à
la convenance de l'*homme à projets;* non pas seulement cependant à celle du novateur imprudent
ou à la sienne plutôt qu'à celle de tout autre,
mais bien aussi à la convenance de celui dont les
projets sont fondés sur la prudence. Quelle que
soit, en effet, la prudence d'un projet ou les autres titres auxquels il puisse se recommander,
quel que soit le genre de nouveauté qu'il présente, il a toujours contre lui une importante
circonstance, celle même de sa *nouveauté.* Or
le taux d'intérêt le plus élevé que permette la loi
se trouve approprié, comme vous le dites très
expressément, et comme d'ailleurs vous désirez
qu'il le soit, à la situation des individus dont
l'industrie se renferme dans les anciennes voies,
et présente le plus haut degré de sûreté que cette

direction comporte. Mais, par la nature des choses, aucune industrie nouvelle, aucune industrie dans laquelle on introduit de nouvelles pratiques, ne saurait offrir une sûreté égale à celle que présente une vieille industrie. Aux yeux de toute personne prudente, douée de toute la rectitude de jugement que comporte la faiblesse de l'intelligence humaine, la nouveauté de toute entreprise commerciale présentera toujours une chance d'insuccès à ajouter à celles qui pourraient être attachées à une entreprise déjà éprouvée, et dont les avantages seraient attestés par l'expérience.

Vous pouvez dire que la limitation légale des profits dans les prêts qui se font au commerce est une circonstance qui doit rendre le prêteur plus attentif aux sûretés qu'on lui offre, et plus disposé, par conséquent, à s'assurer de la prudence des entreprises que son argent est destiné à soutenir, qu'il ne le serait autrement, et que, de là, on peut croire que la tendance des lois limitant le taux de l'intérêt est de faire discerner les bons projets des mauvais, et de favoriser les premiers aux dépens des derniers. J'admets la première de ces propositions, mais non pas la seconde, qui en est la conclusion. Un homme prudent, je n'entends parler ici que d'un homme d'une prudence commune, ne se donnera pas la peine, je le répète, en pareil cas, de distinguer entre les bons et les mauvais projets. Il fera une distinction entre les industries anciennement établies et toute espèce de projets bons ou mauvais; et, quant à ceux-ci, quelque brillantes que soient les chances qu'ils puissent promettre, il entendra bien n'avoir absolument rien à démêler avec eux. Tout homme qui a de l'argent est toujours assuré d'en trouver 5 pour 100, ou tout autre taux d'intérêt légal, sur les meilleures sûretés que puissent présenter les plus prospères des vieilles industries, attendu que les négociants en général sont toujours disposés à accroître leur capital de tout l'argent qu'ils peuvent se procurer à un taux modéré. Je ne saurais concevoir comment un prêteur, voulant se renfermer dans les limites de l'intérêt légal, pourrait considérer une entreprise nouvelle, *un projet*, quelles que soient les chances de succès qu'il présente, comme lui offrant un placement aussi avantageux qu'une industrie déjà expérimentée. Il peut bien se faire sans doute que, de temps à autre, des hommes à projets trouvent le moyen de se procurer de l'argent ; mais, quand ils y parviennent , ils ne peuvent en être redevables qu'à la négligence ou à l'amitié du prêteur, peut-être encore à l'espoir que conçoit celui-ci de quelque profit collatéral, mais non point assurément à la perspective que peut présenter un pareil marché, en tant que considéré comme simple prêt d'argent.

Personne ne prétendra sans doute qu'il y a lieu de penser que la proportion des projets raisonnables doit être moins considérable dans l'avenir que dans le passé. Je ne vois pas pourquoi il en serait ainsi, et plusieurs raisons qui me paraissent fort bonnes, et que plus tard je vous demanderai la permission de vous soumettre, me font croire, au contraire, qu'à cet égard tout l'avantage doit être du côté de l'avenir. Mais, à moins que le fonds des projets raisonnables ne soit aujourd'hui épuisé, et que celui tout entier des projets déraisonnables ne soit exclusivement réservé pour l'avenir, la censure dont vous avez frappé les hommes à projets, en en mesurant l'étendue par celle de l'action de la loi qu'elle a pour objet de justifier, embrasse le passé aussi bien que l'avenir. Elle condamne comme téméraires et mal fondés tous les projets à la faveur desquels les hommes se sont avancés successivement de l'état où ils se nourrissaient de glands et se vêtissaient de peaux brutes à leur condition actuelle : car, je vous le demande, Monsieur, tout ce qui constitue aujourd'hui la routine dans l'industrie humaine n'a-t-il point d'abord existé en projets ? et tout ce que nous appelons *établissement* n'a-t-il point été à l'origine une innovation ?

Il serait difficile et il importe peu de savoir comment les projets raisonnables et les inventeurs prudents, si toutefois à présent vous me permettez de donner cette épithète à quelques uns de ceux du passé, sont parvenus à triompher des obstacles que leur présentaient les lois en question. Il doit être assez évident, d'après ce qui a été dit, que ces lois, pendant toute la durée de leur existence, ont dû apporter des difficultés, et de grandes, à l'exécution de toute espèce de projets, et cela dans toutes les directions : d'où il est raisonnable de conclure que, si ces difficultés n'eussent point existé, les projets prudents et heureux aussi bien que les autres auraient été plus nombreux qu'ils n'ont été, et qu'en conséquence, aussitôt que ces difficultés seront levées, si elles doivent l'être jamais, les projets de toute nature, et par conséquent les bons comme les autres, seront plus nombreux qu'ils ne pourraient l'être dans la supposition où ces difficultés continueraient d'exister ; en d'autres termes, que, comme, sans cette cause de découragement, les progrès de l'espèce humaine dans la carrière de la prospérité eussent été dans le passé plus grands qu'ils n'ont été, ils seraient aussi, au moins proportionnellement, plus grands dans l'avenir, si cette cause était détruite.

La preuve que je ne me suis point rendu coupable d'injustice envers vous, en donnant une si grande latitude à votre opinion sur les *hommes à projets*, et que je ne me suis point autorisé de quelques mots isolés pour vous prêter cette opinion, résulterait clairement, s'il était nécessaire d'en fournir une, de cet autre passage de votre ouvrage : « L'établissement d'une nouvelle manufacture, d'une nouvelle branche de commerce, ou d'une nouvelle pratique en agriculture (toutes choses que vous comprenez sous le nom de *projets*), est une spéculation dont l'*inventeur* se promet des bénéfices extraordinaires. Ces bénéfices (ajoutez-vous) sont quelquefois très grands, et quelquefois, *ce qui arrive plus fréquemment peut-être*, ils ne sont *rien moins que cela*; mais en général ils ne présentent aucune proportion régulière avec ceux des vieilles industries du voisinage. Si le projet réussit, il s'élève d'abord très haut pour l'ordinaire; mais quand la nouvelle industrie ou le nouveau procédé sont tout-à-fait établis et bien connus, la concurrence les réduit au niveau des autres. » Je n'insisterai pas sur ce point, et je n'aurais pas pris la liberté de vous citer vos propres expressions, si je n'avais conçu l'espoir de vous y voir apporter quelque modification dans une prochaîne édition, au cas où je serais assez heureux pour voir mon jugement confirmé par le vôtre. La seule chose d'ailleurs que le public ici ait intérêt à connaître, c'est l'erreur elle-même, et non pas celui qui la professe.

Je ne sais pas si les observations que je viens de prendre la liberté de vous soumettre sont susceptibles de recevoir un nouveau degré de clarté et d'évidence des propositions consolantes dont vous avez fait un si bon et un si fréquent usage, et qui nous montrent la tendance constante du genre humain à s'avancer dans la carrière de la prospérité; la prédominance de la prudence sur l'imprudence, au moins dans les affaires de la vie privée, et la supériorité des individus sur le législateur, quant à la conduite de leurs affaires pécuniaires, dont eux seuls peuvent connaître toutes les circonstances, toutes les particularités, tandis qu'à cet égard le législateur doit toujours être dans la plus parfaite ignorance. Je chercherai néanmoins un nouvel appui dans ces propositions : car, tant que j'aurai le malheur de vous avoir pour adversaire, je ne croirai jamais assez solide le terrain sur lequel je me suis placé, pour négliger les moyens que je jugerai capables de le consolider encore.

« Quant à la mauvaise conduite , le nombre des entreprises prudentes et heureuses, dites-vous, est partout de beaucoup supérieur à celui des entreprises folles et malheureuses. Malgré toutes nos plaintes sur la fréquence des banqueroutes, les infortunés qui tombent dans ce malheur ne forment qu'une très petite partie du nombre total des individus engagés dans le commerce ou dans toute autre espèce d'entreprises, et leur proportion peut-être n'excède pas de beaucoup celle de 1 à 1,000. »

Pour prouver cette assertion, vous en appelez au témoignage de l'histoire, qui montre que, dans notre île au moins, le genre humain a toujours été en progrès. Vous engagez quiconque pourrait avoir un doute à cet égard à diviser

l'histoire en un certain nombre de périodes, depuis César jusqu'à nos jours, proposant pour
exemple les époques de la restauration, de l'a-
vénement d'Élisabeth, de celui de Henri VII, de
la conquête des Normands et de l'heptarchie ; et
parmi toutes ces époques, vous portez le défi à
l'esprit le plus sceptique d'en trouver une où
la condition du pays n'ait pas été supérieure à
ce qu'elle était à l'époque immédiatement anté-
rieure, et cela en dépit des guerres, des incen-
dies, des pestes et des calamités publiques de
toute espèce dont la main de Dieu ou les vices
du gouvernement ont accablé l'Angleterre en
différents temps. Je crois qu'il ne serait point facile de répondre victorieusement à ce défi : le
fait est trop évident pour pouvoir échapper à la
vue la plus bornée. Mais à quoi et à qui som-
mes-nous redevables de ce progrès, si ce n'est
aux *projets* et aux *hommes à projets?*

À cette question il me semble vous entendre
répondre : « Ce ne sont point les *hommes à projets* que je remercie de ce résultat, mais bien les
lois qui, en fixant le taux de l'intérêt, ont réprimé leur témérité, et empêché leur imprudence
d'arrêter le progrès de la prospérité nationale,
ce qui serait infailliblement arrivé sans l'existen-

ce de ces restrictions. Si pendant tout le cours de ces époques les lois eussent laissé la liberté à cette race aventureuse de donner un plein essor à ses audacieuses entreprises, l'accroissement de la prospérité nationale dans le cours de ces périodes pourrait autoriser à la considérer sous un point de vue plus favorable. Mais le fait est que son activité a été réprimée par les lois, et vous me permettrez de supposer que, si le cours de la prospérité ne se fût point complétement arrêté, ou n'eût point rétrogradé par le fait de l'absence de ces lois, il aurait au moins été retardé. Ici donc se trouve la différence entre nous : ce que vous regardez comme la *cause* du progrès dont nous convenons l'un et l'autre, je le regarde comme un *obstacle* à ce progrès, et réciproquement ce que vous regardez comme *l'obstacle*, je le regarde comme la *cause*. »

Peut-être aurais-je dû placer cette réponse, que j'imagine comme possible, dans toute autre bouche que dans la vôtre : car je ne suppose pas qu'elle soit de nature à satisfaire votre esprit, et je suppose encore moins que vous puissiez vouloir vous servir d'arguments que vous-même jugeriez manquer de solidité.

Les considérations suivantes seraient suffisantes, je crois, pour vous empêcher de vous arrêter à cette réponse.

D'abord, des cinq époques que vous indiquez comme marquant les phases du progrès de la prospérité en Angleterre, il n'y a que les trois dernières pendant lesquelles le pays ait joui du bienfait, si tant est qu'on puisse s'exprimer ainsi, des lois dont il s'agit : car c'est au règne de Henri VIII seulement que nous sommes redevables de la première de ces lois.

Ici une foule de questions pourraient se présenter : le dessein de réprimer les *hommes à projets* entrait-il pour quelque chose dans les motifs de ce premier statut, ou bien n'était-il point uniquement destiné à réduire les bénéfices de la classe coupable et enviée des prêteurs d'argent ? Est-ce avant, ou depuis ce statut, que se trouve le plus grand nombre d'*hommes à projets* ? Est-ce avant, ou depuis, que la nation a le plus souffert de leur part, comme vous diriez, a le plus gagné par eux, comme je dirais ? Je n'entrerai dans aucune de ces discussions, non plus que dans tant d'autres qui pourraient s'élever encore, attendu que je les considère comme plus propres à nous éloigner d'un accord sur la question principale qu'à nous en rapprocher.

En second lieu, je dois prendre la liberté de vous renvoyer à la preuve que je crois avoir donnée de cette proposition, savoir, que les restrictions en question ne purent jamais avoir pour effet de réduire la proportion des mauvais projets par rapport aux bons, mais seulement de diminuer, autant que leur influence a pu se faire sentir, la somme totale des projets bons et mauvais : d'où il résulte que, quelle qu'ait été la tendance générale de l'esprit d'innovation avant l'existence de ces lois, et telle elle doit avoir été depuis, quelle que soit d'ailleurs l'influence que les mesures qui ont eu pour objet de la réprimer aient pu exercer sur ses résultats.

Mais une considération qui peut nous aider à sortir de la confusion où nous sommes, confusion que l'argument auquel je viens de m'arrêter, comme étant le plus fort qu'on pût m'opposer, est plus propre à accroître qu'à dissiper, est celle qui résulte du peu d'importance que l'on doit attacher aux pertes qui, dans un espace de temps déterminé, peuvent avoir été occasionées par les projets déraisonnables, lorsqu'on les compare à celles que la prodigalité doit avoir entraînées dans le même espace de temps.

Des deux causes que vous signalez comme

contribuant de la part des individus à retarder
le progrès de la richesse nationale, l'une, comme
je l'ai déjà dit, est l'*esprit d'innovation*, et l'autre la prodigalité. Mais en diverses occasions
vous représentez le dommage que la société peut
recevoir de l'action combinée de ces deux causes comme étant de très peu d'importance, et,
si je vous ai bien compris, comme étant de trop
peu d'importance pour nécessiter l'intervention
du législateur. Quoi qu'il en soit de votre opinion à cet égard, quant à l'esprit d'innovation
et à la prodigalité réunis, je suis sûr au moins
que, par rapport à la prodigalité, je ne me suis
point trompé. A cette occasion vous prenez une
attitude triomphante, et vous châtiez l'*impertinence et la présomption des rois et des ministres* avec un ton d'autorité qu'un homme de
votre courage, seulement, pouvait s'aventurer à
prendre, et qu'un génie comme le vôtre pouvait
seul autoriser. Après avoir établi un parallèle
entre l'économie des particuliers et la profusion
des gouvernements, vous terminez ainsi : « C'est
donc de la part des rois et des ministres le plus
haut degré d'impertinence et de présomption
que de prétendre régler la dépense des particuliers, et que de leur tracer des limites à cet

égard, soit en établissant des lois somptuaires, soit en prohibant l'importation des objets du luxe étranger. Eux-mêmes sont toujours et sans exception les plus grands dissipateurs de la société. Qu'ils veillent à leur propre dépense, et ils peuvent en sûreté s'en remettre aux particuliers du soin de régler la leur. Si l'état n'est pas ruiné par leur extravagance, il ne le sera point par celle de leurs sujets. »

Je conviens avec vous que les mesures dont vous parlez ici sont généralement inconvenantes, qu'elles le sont peut être sans exception, et que, dans beaucoup de cas même, elle deviennent ridicules, et je ne m'arrêterai point à justifier des mêmes reproches un autre moyen que j'ai suggéré plus haut (1). Mais, quelque présomptueux et quelque impertinent qu'il puisse être de la part du souverain d'entreprendre par des restrictions légales de réprimer la prodigalité des individus, ce reproche lui est bien plus applicable encore lorsqu'il s'ingère dans l'administration de leurs affaires pour les préserver des dangers de l'innovation. Se perdre par la prodi-

(1) Voyez la lettre III, page 66.

galité est le lot de beaucoup d'individus, encore
que leur nombre, comme vous l'observez très
bien, soit de très peu d'importance relativement
à la masse de la société, et l'étoffe convenable
pour faire un prodigue peut facilement se trouver dans le premier cabaret venu. Mais s'égarer
même dans les voies de l'innovation ne peut
être le partage que de quelques organisations
privilégiées. La prodigalité, quoiqu'elle ne soit
pas assez commune pour pouvoir porter une at-
teinte notable à la richesse nationale, n'est pas
assez rare cependant pour qu'on puisse la considérer comme une singularité; tandis que la disposition qui porte un homme à sortir des sentiers
de la routine suffit pour établir une véritable distinction entre cet homme et un autre : car, alors
même que cette disposition se renferme dans des
limites où elle ne comporte ni génie, ni talent extraordinaire, comme par exemple dans le cas où
ses résultats ne s'étendent pas au-delà de la découverte d'un nouveau marché, elle suppose au
moins, par ce seul résultat, un degré de courage
qui ne se trouve pas dans le commun des hommes. Qu'est-ce donc lorsqu'à cette qualité se joint
le don si rare du génie, comme on doit le supposer dans les hommes auxquels nous sommes re-

devables de toutes les entreprises successives par
lesquelles les manufactures et les arts ont été élevés de leur néant primitif à leur splendeur actuelle ? Songez à quel petit nombre doivent se
borner, dans la communauté, les individus capables d'imaginer et de tenter de pareilles entreprises, en comparaison de la famille des prodigues, famille que vous-même jugez être de
trop peu d'importance, seulement sous le rapport de son nombre, pour mériter qu'on y fasse
attention! Cependant la prodigalité, dès qu'elle
se montre, et autant qu'elle se montre, est essentiellement et nécessairement nuisible à la fortune publique, tandis que l'esprit d'innovation
ne l'est seulement que par accident. Tout prodigue, sans exception, par cela seul qu'il est prodigue, compromet et altère sa fortune, si même
il ne la détruit pas complétement. Il n'en est pas
ainsi de tous les hommes à projets, et on ne peut
pas supposer que, si quelques uns d'entre eux
échappent à la ruine commune, c'est aux lois qui
ont pour objet de réprimer leurs efforts qu'ils
en sont redevables : car enfin, dans chacune des
parties nombreuses dont se compose l'édifice de
la richesse nationale, édifice dont vous procla-
mez le constant accroissement avec une exalta-

tion si généreuse, il a bien fallu que la main ré-
prouvée d'un *homme à projets* posât la première
pierre; et on doit supposer que, dans le nombre
des mains qui ont été employées ainsi, quelques
unes au moins ont dû l'être heureusement. Lorsque, en comparaison du nombre des prodigues,
déjà trop restreint pour valoir la peine qu'on
s'en occupe, le nombre total des *hommes à projets* est si peu considérable, et lorsque de ce petit
nombre il faut retrancher encore, ce qui n'en
forme pas une faible partie, tous ceux qui réussissent, et tous ceux qui, pour exécuter leurs projets, n'ont point besoin d'emprunter, je vous laisse
à penser si la réduction de ce qui reste peut être
un objet digne par son importance, en supposant
qu'il le soit par sa nature, de fixer l'attention du
gouvernement.

S'il est encore douteux que l'autorité doive
entreprendre de contrôler la conduite des individus qui sont évidemment et incontestablement
sous l'empire de la passion, et qui cèdent à cet
empire en opposition aux inspirations de leur
propre raison, afin de les obliger à agir confor-
mément à ce qu'eux-mêmes, comme tous les
autres hommes, reconnaissent être raisonnable,
pourrait-on tolérer que le législateur substituât

violemment sa prétendue raison, fruit d'un coup-
d'œil superficiel et dédaigneux provoqué par la
présomption et l'arrogance bien plus que par
une sollicitude éclairée pour l'intérêt de la société, à l'humble raison individuelle, s'appli-
quant de toute sa puissance à apprécier le cas
particulier sur lequel elle est appelée à prononcer? Il ne faut point oublier que, dans cette
étrange compétition, la connaissance la plus parfaite, la plus détaillée que le double intérêt de la
réputation et de la fortune puisse contribuer à
donner à un homme, se trouve du côté de l'individu, tandis que, du côté du législateur, il ne
peut y avoir que la plus complète ignorance.
Tout ce que sait celui-ci, tout ce qu'il peut savoir,
c'est que telle entreprise est un *projet*, et que,
par cela seul qu'elle est susceptible de recevoir
ce nom détestable, il est de son devoir, à ce qu'il
s'imagine au moins dans sa suffisance puérile, d'y
apporter obstacle. Il y a long-temps que, pour
exprimer le comble de l'absurdité, on a demandé s'il convenait qu'un aveugle en conduisît un
autre; que faut-il donc penser d'un homme qui,
étant nécessairement aveugle, a la prétention de
guider dans des routes qu'il n'a jamais parcou-
rues d'autres hommes qui y voient clair?

Si vous parvenez à vous justifier d'avoir professé dans une autre occasion que celle-ci, bien
que précisément sur la même question, l'opinion
à laquelle je voudrais vous voir définitivement
arrêté, ce ne peut être que par quelque distinction
trop délicate pour que mon esprit puisse la saisir.

« Il est évident, dites-vous, que chaque individu
dans sa situation locale est en état de juger beaucoup plus sainement qu'aucun homme d'état ou
qu'aucun législateur ne pourrait le faire pour lui,
de l'espèce d'industrie domestique à laquelle son
capital peut être appliqué avec le plus d'avantage. L'homme d'état qui entreprendrait de diriger les particuliers dans l'emploi qu'ils doivent
faire de leurs capitaux non seulement se chargerait d'un soin très inutile, mais encore s'arrogerait une autorité qui ne saurait être confiée
avec sécurité, je ne dirai pas à une seule personne, mais même à aucun conseil ou sénat que
ce puisse être, et qui ne présenterait jamais plus
de dangers qu'au cas où elle viendrait à se trouver entre les mains d'un homme qui aurait assez
de folie et de présomption pour se croire capable de l'exercer utilement.

« Donner le monopole du marché intérieur
aux produits de l'industrie domestique dans

quelques branches particulières, c'est en quelque sorte diriger les particuliers dans l'emploi qu'ils doivent faire de leurs capitaux, et dans presque tous les cas une pareille direction doit être ou superflue ou funeste. » Et moi j'ajoute que limiter l'intérêt légal au taux auquel seulement il peut être convenable d'emprunter, pour ceux qui se trouvent engagés dans les industries les plus anciennes, les mieux établies et les moins hardeuses, c'est donner à cette classe d'industriels le monopole du *marché d'argent* (1), aux dépens de ceux qui veulent tenter de nouvelles routes, puisque, par le fait seul de leur nouveauté, ces routes, comme je l'ai démontré, doivent toujours paraître nécessairement plus hasardeuses que les anciennes.

Mais tous ces arguments ne présentent comparativement rien de concluant, et je ne m'y suis arrêté que pour ôter toute ressource aux apologistes du système que je combats. Je reviens donc à mon premier moyen, et je vous prie encore une fois de considérer si parmi les nombreuses manufactures que nous contemplons

(1) Money market.

l'un et l'autre avec tant de satisfaction, parce que nous y voyons les causes et les éléments de la prospérité nationale , il est possible qu'il s'en trouve une seule qui, dans ses commencements, ait pu exister autrement que sous la forme d'un projet. Mais si un règlement dont la tendance et l'effet sont purement de réprimer les projets en tant que tels, sans avoir, comme je l'ai montré , le pouvoir d'écarter les mauvais, peut être présenté sous un jour favorable dans son état actuel, où il n'a qu'une efficacité imparfaite, non seulement il pourrait l'être encore , mais même alors il aurait beaucoup plus de droits à notre approbation si dès les commencements son efficacité avait été telle qu'il eût opposé une barrière insurmontable à toute espèce de projets; c'est-à-dire si, étendant son influence sur les premiers rudiments de la société , il nous eût réduits à des huttes de terre pour habitations, à des peaux de bêtes pour vêtements, et aux glands pour nourriture.

J'espère que vous conviendrez volontiers que que nous avons été assez bien servis par les projets des temps passés. J'ai déjà dit, en passant, que je ne verrais pas pour quelle raison nous pourrions craindre de l'être plus mal par les projets de l'avenir. Je me hasarderai à présent à ajouter qu'il y a tout lieu de croire que nous serons toujours de mieux en mieux servis par les projets, et cela en vertu de la réduction que l'expérience, si elle mérite d'être comptée pour quelque chose, doit apporter dans la proportion des projets chimériques et malheureux, par rapport aux projets raisonnables et heureux.

La carrière de l'industrie, celle que parcourent les hommes à projets, peut être considérée comme une plaine vaste et peut-être sans limites, parsemée de gouffres semblables à celui dans lequel Curtius fut englouti. Chacun de ces gouffres ne se ferme qu'après avoir reçu une victime humaine; mais alors il est fermé pour toujours, et cette partie de la carrière se trouve désormais sans danger pour ceux qui suivent. Si, dans la réalité, à défaut d'une connaissance parfaite des premières erreurs, la vie humaine est moins heureuse que ne le suppose cette comparaison, la similitude au moins doit être reconnue, et l'on peut apercevoir en même temps le moyen sûr et efficace de rendre cette similitude toujours de plus en plus grande. Il ne s'agit pour cela que de faire l'histoire des *projets* des temps

passés ; et, ce qui serait beaucoup plus facile à
faire, d'une manière plus complète encore, pour
peu que le gouvernement voulût s'y prêter, de
recueillir et de publier, à mesure de leur appari-
tion, tous ceux que l'avenir recèle dans son sein.
Mais ce serait trop m'éloigner de mon sujet que
de poursuivre cette idée, dont l'application
d'ailleurs n'est point de ma compétence.

Il est consolant de penser que cet état de sécurité toujours croissante doit se rencontrer nécessairement non seulement dans la poursuite
de la richesse, mais encore dans tous les autres
sentiers de la vie humaine. Dans la lutte que le
génie et l'industrie soutiennent avec la fortune,
les siècles passés, siècles d'ignorance et de barba-
rie, se présentent comme des enfants perdus, jetés
en éclaireurs, et sacrifiés à l'intérêt de l'avenir.
L'âge d'or, il n'est que trop vrai, n'est point le
partage de la génération actuelle ; mais si l'on
peut se flatter de le trouver dans quelque partie
de la carrière de l'humanité, je crois que ce n'est
pas dans le passé qu'il faut le chercher, mais dans
l'avenir.

J'en reviens aux lois contre l'usure, et à
leur action restrictive sur les projets. J'ai démontré, je crois, que ces lois n'ont point le

pouvoir de favoriser les bons projets à l'exclusion des mauvais, et qu'elles n'ont point même
cette tendance. Ajouterai-je, ce qui pourrait
être facilement démontré, je crois, que leur
tendance est plutôt de favoriser les mauvais à
l'exclusion des bons? On peut dire au moins,
et cela revient au même, qu'il existe un cas dans
lequel, quelle que soit la nature du projet, elles
peuvent avoir une puissance préventive, et un
autre cas dans lequel elles ne peuvent avoir cette
puissance ; que le premier cas est nécessairement accompagné d'une circonstance qui a une
forte tendance à écarter tout projet mal fondé,
tandis que cette circonstance ne se rencontre pas
dans le second : je veux parler de *l'avantage de
la discussion*.

Il est bien évident que ces lois sont parfaitement, et, si vous me permettez de le dire, très
heureusement, sans puissance à l'égard de tous les
projets dont les auteurs possèdent les fonds nécessaires à leur exécution. Mais quant à ceux-là,
ils n'ont point d'autre juge, préalablement à l'expérience, que l'attachement partial de l'inventeur; et ce qui fait qu'ils n'en doivent point avoir
d'autre, c'est que, dans le plus grand nombre des
cas, tout l'avantage que peut présenter un pro-

jet dépend du droit exclusif de propriété à son égard, et par conséquent du secret dont on l'entoure. Considérez maintenant combien est différent le sort de l'entreprise dont l'exécution est subordonnée à l'approbation d'un autre homme, de l'homme qui est en possession de l'argent dont l'inventeur a besoin, et devant lequel la nécessité le force à prendre au moins l'attitude d'un suppliant, heureux si dans l'esprit de son juge ne se joint pas à ce caractère dégradant celui d'un visionnaire enthousiaste, ou même d'un imposteur! Quoi qu'il en soit, il y a dans ce cas deux personnes intéressées à scruter le mérite du projet, contre une seule que l'on trouve dans l'autre; et de ces deux personnes il y en a une dont, selon toute apparence, les préjugés ne penchent point du côté favorable au projet. Dans les chances nombreuses du hasard il peut bien arriver sans doute qu'un novateur exalté rencontre un protecteur tout aussi exalté que lui, et que des espérances trompeuses corrompent le jugement de l'un comme celui de l'autre. Cependant vous conviendrez, j'espère, que le cas contraire est beaucoup plus probable. Quelles que puissent être les espérances d'un homme à l'égard d'un *projet* qui n'est point sa propre conception, on doit supposer que ses craintes sont encore plus fortes. Le sentiment naturel de vanité qui nous dispose à nous exagérer le mérite de nos conceptions nous dispose dans la même proportion à déprécier celles des autres hommes.

Est-il nécessaire d'ajouter que, quand il serait vrai, quand il serait prouvé de la manière la plus évidente, que, depuis les temps les plus reculés jusqu'à nos jours, il n'y a pas eu un seul projet qui ne se soit terminé par la ruine de son auteur, il ne résulterait pas même d'un tel fait que le législateur fût autorisé à concevoir seulement le désir de voir l'esprit d'innovation réprimé en la moindre chose? La décourageante sentence, *Sic vos non vobis,* peut bien être la matière d'une sérieuse considération aux yeux de l'individu ; mais que signifie-t-elle pour le législateur? Quel est le général qui ne sache, quelle que soit la supériorité des forces avec lesquelles il engage le combat, que des centaines et des milliers d'hommes doivent tomber au premier choc? Cette seule considération le retiendra-t-elle inactif dans ses lignes? Chacun pour soi, dit le proverbe ; et Dieu pour tous, ajoute-t-il : mais à Dieu il aurait pu ajouter encore le général, le législateur, et tout homme public. Ces sacrifices de l'intérêt individuel au bien-être général, sacrifices qui dans tant d'occasions sont offerts par des tiers contre la volonté des victimes, ne peuvent-ils donc plus être permis dès qu'ils sont volontaires ? Il ne s'agit pas de lier bras et jambes à des individus et de les jeter dans les gouffres dont j'ai parlé ; mais si à chacun de ces gouffres se rencontre un Curtius disposé à s'y précipiter, le législateur, dans un accès de sensibilité de vieille femme, ira-t-il s'opposer à ce dévouement ? En mettant l'intérêt public en dehors de la question, et en ne considérant que les sentiments des individus directement intéressés, c'est à peine ce que pourrait vouloir faire le législateur qui connaîtrait le prix de l'espérance, *ce don le plus précieux du ciel.*

Remarquez, Monsieur, qu'il n'en est pas de la loterie de l'invention, cette grande branche de la loterie des projets, pour l'amour de laquelle je défends toutes les autres (ce que je continuerai à faire jusqu'à ce qu'on m'ait enseigné le moyen de la défendre avec plus d'avantage), comme de la loterie de la découverte des mines, comme de celle de la course maritime, et comme de tant d'autres dont vous parlez, sans jamais en dire beaucoup de bien. Dans ces diverses loteries, le succès ne s'élève point, comme dans la première, des ruines elles-mêmes de l'insuccès, et ne se propage point, comme dans celle-ci, par une heureuse contagion, peut-être dans toute la durée des temps. Que Titius découvre une mine ou fasse une prise, il n'en est pas plus facile, et au contraire il n'en devient que plus difficile pour Sempronius de découvrir une autre mine ou de faire une autre prise. Mais que Titius invente une nouvelle couleur, plus brillante et plus solide que celles en usage; qu'il invente une nouvelle machine, plus puissante que celles qui existent; qu'il découvre un système de culture plus avantageux que celui qui est pratiqué: mille teinturiers, dix mille artisans, cent mille cultivateurs, peuvent reproduire et multiplier ses succès. Qu'importe alors au public que la fortune de Titius ou celle de son usurier ait été sacrifiée à cette expérience?

Birmingham et Sheffield sont citées par vous comme exemples, l'une d'une ville à *projets*, et l'autre d'une ville s'en tenant à la pratique des vieilles industries : me pardonnerez-vous si je vous témoigne mon étonnement de ce que cette comparaison de votre propre choix ne vous ait pas suggéré quelques doutes sur la justesse de l'opinion désavantageuse que vous avez conçue des hommes à projets? Sheffield est une ville antique, Birmingham ne fait que de naître : que devons-nous penser en voyant la ville nouvelle plus considérable, plus florissante que l'ancienne? Ce n'est pas que l'une, aussi bien que l'autre, ne doive l'existence à des *hommes à projets* : car, en supposant que Tubalcaïn lui-même soit venu tout exprès d'Arménie pour bâtir Sheffield, Tubalcaïn, dans ce cas, était, de son temps, un novateur tout aussi insigne que le furent jamais sir Thomas Lombe ou l'évêque Blaise. Si dans le langage ordinaire on est disposé à donner à Birmingham le titre de ville à *projets,* par opposition à Sheffield, c'est que, son existence étant encore toute nouvelle, les traces que l'esprit d'innovation y a laissées doivent naturellement aussi y être plus apparentes.

Lorsque le son odieux du nom *homme à projets* n'importune plus vos oreilles, vous ne vous montrez point toujours aussi ennemi de la classe d'individus que ce nom a stigmatisée ; il vous arrive même alors de représenter les projets, tout en leur donnant le nom d'*expériences coûteuses et dangereuses,* comme n'étant point indignes d'être encouragés , quand bien même pour cela il faudrait recourir au monopole, moyen que vous justifiez dans ce cas par son analogie avec ceux qui, dans d'autres cas, sont employés dans un intérêt semblable.

« Lorsqu'une association de marchands, dites-vous, entreprend à ses risques et périls d'établir un nouveau commerce avec quelque nation lointaine et barbare, il peut n'être pas déraisonnable d'organiser ces marchands en compagnie à fonds réunis, et, en cas de succès, de leur accorder, pendant un certain nombre d'années, le monopole du commerce qu'ils ont fondé. C'est le moyen le plus facile et le plus naturel que puisse avoir l'état de les récompenser pour avoir hasardé une expérience dangereuse et coûteuse, dont le public, dans la suite, doit recueillir les fruits. Un monopole temporaire de cette espèce peut être justifié par les principes en vertu desquels on en accorde un semblable à l'inventeur d'une nouvelle machine et à l'auteur d'un nouveau livre. »

Le respect que je vous porte ne doit point m'empêcher de saisir cette occasion de donner aux hommes un avertissement salutaire : si un esprit aussi original, aussi indépendant que le vôtre, n'a pas toujours pu se préserver d'être ramené dans les sentiers du vulgaire par le pouvoir des mots, avec quelle attention les esprits ordinaires ne doivent-ils pas examiner leurs jugements, s'ils veulent ne point se laisser égarer par de pareilles illusions!

J'ai souvent été tenté de croire que, si la loi pouvait proscrire les mots comme elle peut proscrire les hommes, la cause de l'industrie inventive retirerait peut-être un aussi grand avantage d'un bill de proscription contre les mots *projets* et *hommes à projets* que celui qu'elle a obtenu de l'acte qui autorise les concessions de *brevets d'invention*. J'ajouterai cependant que cet avantage ne serait que temporaire : car, même alors, l'envie, la vanité et l'orgueil blessé de la race dépourvue de génie ne manqueraient pas, un peu plus tôt ou un peu plus tard, de répandre leur venin sur quelques autres mots dont ils feraient de nouveaux tyrans, chargés, comme leurs prédécesseurs, de guetter à sa naissance l'enfant du génie, pour l'étouffer dans son berceau.

Peut-être m'accuserez-vous de pousser la malice au-delà de toute mesure, si je vous oppose l'autorité d'une réunion d'hommes aussi nombreuse et aussi respectable que celle que présente la *Société pour l'encouragement des arts.* Mais

peu m'importe , car vous inspirez trop de respect pour avoir aucun droit à l'indulgence. Au
moins vous ne m'accuserez pas d'exciter contre
vous des ennemis barbares et de vous livrer à la
vengeance des Cherokees et des Chiscasaws.

L'objet capital et avoué de cette institution
populaire est l'encouragement des *projets* et la
propagation de cette race criminelle dont vous
regardez la destruction comme un exercice convenable pour le bras du pouvoir. Mais s'il est
juste d'écraser les malfaiteurs, il serait tout-à-
fait inconséquent de ne pas écraser en même
temps, ou plutôt de ne pas commencer par
écraser ceux qui les provoquent. Rendez donc
grâces à l'oubli , à la générosité ou à la prudence du pouvoir, s'il n'a pas encore donné l'ordre
de brûler solennellement un livre qui fait honneur au siècle qui l'a produit.

Après avoir eu la hardiesse d'accuser d'erreur
un aussi grand maître, m'est-il permis de prendre la liberté , plus grande encore, de chercher
à expliquer de quelle manière il a pu se laisser
égarer? Il n'est donné, peut-être, à aucun esprit
inventeur, quel que soit l'objet auquel il applique sa puissance , de porter ses conceptions à
un point de perfection tel, qu'il ait examiné par

lui-même, et sans exception, tous les fondements de ses assertions. Vous avez entendu la voix publique, sanctionnée par l'autorité de la loi, proclamer tout autour de vous que l'usure était une chose fâcheuse, et que les usuriers étaient une race corrompue et pernicieuse. D'une de ces sources, au moins, vous avez appris que les *hommes à projets* formaient une classe méprisable et extravagante, ou même improbe et destructive. Entraîné par l'autorité du nombre, et pensant très naturellement que ce que tout le monde disait devait avoir quelque fondement, vous avez joint votre voix à la clameur publique, et ajouté votre suffrage à celui de la foule. Peut-être aussi, dans le nombre des *hommes à projets* que le hasard vous a fait rencontrer, l'espèce déraisonnable et dangereuse s'est-elle trouvée dans une si forte proportion par rapport à l'autre, ou s'est-elle présentée à vos yeux sous des couleurs si vives, que cette circonstance aura contribué à donner dans votre esprit, à la notion populaire, plus de poids qu'elle n'en aurait eu, si, dans votre expérience personnelle, la proportion contraire se fût offerte à vous. — Ne pas accorder plus de valeur aux faits qui tombent sous nos yeux qu'à ceux qui se passent loin de nous ; ne permettre à notre esprit, en aucune occasion, de se livrer à une généralisation trop hâtive et trop étendue; ne donner accès à aucune proposition avant de lui avoir fait subir tous les retranchements nécessaires pour la renfermer dans les limites de la stricte vérité : telles sont les lois dont l'observation constitue le dernier terme, et, jusqu'ici au moins, et peut-être pour toujours, le terme idéal de la sagesse humaine.

Vous avez défendu contre une censure non méritée deux classes d'hommes dont l'une au moins est innocente, et dont l'autre est grandement utile : savoir, celle qui transporte l'industrie anglaise dans les pays étrangers, et celle qui distribue cette denrée nécessaire qui est appelée par excellence le soutien de la vie (1). Puis-je me flatter d'avoir réussi, par mes efforts, à recommander au moins à la même protection deux autres classes d'hommes tout aussi utiles et également persécutés, les *usuriers* et les *hommes à projets?* Pour le moment, au moins, je m'abandonnerai à une idée si flatteuse, et en conséquence, laissant de côté les usuriers, sur le compte desquels je me suis expliqué

____

(1) Les accapareurs de blé.

assez au long, je me considérerai maintenant comme associé avec vous dans l'accomplissement d'une même tâche, celle de débarrasser les *hommes à projets* du fardeau décourageant qui leur est imposé par les lois contre l'usure, en tant que ces lois peuvent les concerner particulièrement. Dans ma manière de voir sur cette matière, il n'est ni nécessaire ni convenable d'avoir recours à un terme moyen : la seule mesure efficace, la seule convenable dans ce cas, consiste à détruire complétement tous les obstacles. Mais comme il n'y a rien de plus commun parmi les hommes que de les voir accueillir d'une manière toute contraire des conclusions découlant avec une même nécessité d'un même principe, tâchons de mettre nos vues à l'abri du danger dont cette disposition pourrait les menacer.

Je dirai donc que l'objet que l'on devrait se proposer, au cas particulier, serait d'obtenir, en faveur des hommes à projets seulement, une exemption de la rigueur des lois contre l'usure, de la nature de celle, par exemple, dont jouissent les personnes engagées dans le commerce maritime, par suite de l'indulgence accordée au *prêt à la grosse*. Quant à l'abus qui pourrait être fait de cette exemption, je ne vois pas pourquoi le danger serait plus grand dans ce cas que dans celui dont je viens de parler ; il ne me paraît pas plus difficile en effet de constater qu'une somme d'argent est employée dans telle ou telle entreprise nouvelle sur terre, que de constater qu'elle l'est dans telle ou telle aventure commerciale sur mer ; et d'ailleurs, dans ce cas comme dans l'autre, le paiement des intérêts, aussi bien que le remboursement du capital, pourrait être subordonné au succès de l'aventure. Pour limiter plus sûrement le bénéfice de cette exemption aux nouvelles entreprises, on pourrait imposer, comme condition, à quiconque le réclamerait, d'avoir obtenu pour quelque invention un privilége dont le terme ne fût point expiré. A cela on pourrait ajouter l'obligation de produire des déclarations expresses de l'usage qu'on en veut faire, et celle de déposer des billets, avec sûretés pour répondre de l'exécution des *projets* déclarés ; enfin, pendant toute la durée du contrat, on pourrait encore exiger des attestations annuelles ou plus fréquentes, qui, à chacune des époques où elles seraient produites, feraient connaître à quel point l'exécution de l'entreprise projetée est parvenue.

Que si, après tout cela, on jugeait que les lisières
ne sont point encore assez tendues, on pourrait
établir des bureaux de censure pour les tendre davantage. Mais ici s'ouvre une carrière sans fin de
vexations et d'intrigues : perte de temps pour se
concilier la faveur des membres du bureau ; perte
de temps pour ouvrir leur intelligence, obstruée
peut-être par l'ignorance, et assurément par le
dédain, la fatuité, la vanité et l'orgueil ; la faveur (car l'orgueil fera une faveur de la préférence) accordée à l'homme le plus versé dans
l'art d'intriguer et de se rendre agréable, mais
dépourvu d'ailleurs de génie inventif, et refusée
au mérite réel, étranger à la pratique de cet
art ; perte de temps de la part des personnes
elles-mêmes engagées dans cette impertinente
enquête ; et enfin perte de l'argent employé à les
payer pour cette perte de temps. Tous ces maux
peuvent être nécessaires lorsqu'il s'agit de dis-
poser de l'argent du public ; mais combien n'est-
il pas absurde de s'y soumettre lorsqu'il s'agit
de l'emploi de celui des particuliers à leurs affaires personnelles ? Je ne vous fatiguerai point
à rechercher de qui devrait se composer ce bureau de bonnes d'enfants pour des hommes faits ;
mais ne fût-ce que pour en finir, je dirai qu'on

pourrait en donner les fonctions aux comités de la Société des arts. Ici vous avez un corps exercé à diriger des enquêtes de cette nature, et qui déjà ressemble en tout point, excepté en ce qui pourrait le rendre ridicule, à celui dont nous nous occupons. Je soutiens que les membres ou les représentants de ce corps démocratique s'acquitteraient de cette tâche avec autant de fidélité et d'intelligence que quelque corps aristocratique que ce fût qu'on pourrait mettre en leur place.

Crichoff, dans la Russie Blanche,
mars 1787.

MÉMOIRE

SUR LES

PRÊTS D'ARGENT,

PAR TURGOT.

Ce mémoire fut présenté au conseil d'état en 1769. Ce fut en sa qualité d'intendant de la province où se passèrent les faits qui y donnèrent lieu que Turgot le composa. Nous nous étions proposé d'abord de supprimer de ce mémoire tout ce qui se rapporte à l'affaire particulière qui en fut l'occasion ; mais nous avons changé d'avis en pensant que les détails de cette affaire pourraient donner une idée de ce que produirait l'exécution générale et rigoureuse des lois contre l'usure, quelles qu'elles soient. Le lecteur trouvera dans cet écrit quelques critiques qui n'ont plus aujourd'hui aucune valeur, comme celles, par exemple, qui ont pour objet certaines dispositions spéciales de la législation qui réglait alors les transactions pécuniaires, et qui, depuis, ont été révoquées ; mais il lui sera facile de laisser de côté ces critiques, qui ne tiennent qu'une très petite place dans la discussion où elles figurent, et qui sont tout-à-fait étrangères aux idées qui servent de base à cette discussion.

MÉMOIRE

SUR LES

PRÊTS D'ARGENT.

I.

Occasion du présent Mémoire.

Il y a quelques mois qu'une dénonciation faite au sénéchal d'Angoulême contre un particulier qu'on prétendait avoir exigé des intérêts usuraires dans ses négociations d'argent a excité une fermentation très vive parmi les négociants de cette ville. Cette fermentation n'a cessé d'augmenter depuis, par la suite qui a été donnée à la procédure, par les nouvelles dénonciations qui ont suivi la première, et par les menaces multipliées de tous les côtés contre tous les prêteurs d'argent. Ces mouvements ont produit l'effet qu'on devait naturellement en attendre, l'inquiétude et le discrédit parmi les négociants, le défaut absolu d'argent sur la place, l'interruption entière de toutes les spéculations du commerce, le décri de la place d'Angoulême au-dehors, la suspension des paiements, et le protêt d'une foule de lettres de change. Ces conséquences paraissent mériter l'attention la plus sérieuse de la part du gouvernement ; et il semble d'autant plus important d'arrêter le mal dans son principe, que, si l'espèce de jurisprudence qu'on voudrait établir à Angoulême devenait générale, il n'y aurait aucune place de commerce qui ne fût exposée aux mêmes révolutions, et que le crédit, déjà trop ébranlé par les banqueroutes multipliées, serait entièrement anéanti partout.

II.

Objet et plan de ce Mémoire.

L'objet du présent mémoire est de mettre sous les yeux du conseil un récit de ce qui s'est passé à Angoulême, des manœuvres qui ont été pratiquées et des suites qu'elles ont eues. Ce récit fera sentir les incouvénients qui en résultent et la nécessité d'y apporter un prompt remède.

Pour y parvenir, on essaiera d'exposer les principes d'après lesquels on croit que cette affaire doit être envisagée, et d'indiquer les moyens qui paraissent les plus propres à ramener le calme parmi les négociants d'Angoulême, et à garantir dans la suite le commerce, tant de cette ville que des autres places du royaume, d'un genre de vexation aussi funeste.

III.

Idée générale du commerce d'Angoulême.

Pour donner une idée juste de la manœuvre des dénonciateurs de faits d'usure, pour en faire connaître l'origine et mettre en état d'apprécier les effets qu'elle a dû produire, il est nécessaire d'entrer dans quelques détails sur la nature du commerce d'Angoulême et des négociations qui s'y sont faites depuis quelques années.

La ville d'Angoulême, par sa situation sur la Charente, dans le point du cours de cette rivière où elle commence à être navigable, semblerait devoir être très commerçante ; elle l'est cependant assez peu. Il est probable qu'une des principales causes qui se sont opposées au progrès de son commerce est la facilité que toute famille un peu aisée trouve à y acquérir la noblesse en parvenant à la mairie. Il résulte de là que, dès qu'un homme a fait fortune par le commerce, il s'empresse de le quitter pour devenir noble. Les capitaux qu'il avait acquis sont bientôt dissipés dans la vie oisive attachée à son nouvel état, ou du moins ils sont entièrement perdus pour le commerce. Le peu qui s'en fait est donc tout entier entre les mains de gens presque sans fortune, qui ne peuvent former que des entreprises bornées, faute de capitaux, qui sont presque toujours réduits à faire rouler leur commerce sur l'emprunt, et qui ne peuvent emprunter qu'à très gros intérêt, tant à cause de la rareté effective de l'argent qu'à cause du peu de sûreté qu'ils peuvent offrir aux prêteurs.

Le commerce d'Angoulême se réduit à peu près à trois branches principales : la fabrication des papiers, le commerce des eaux-de-vie, et les entreprises de forges, qui sont devenues très considérables dans ces derniers temps par la grande quantité de canons que le roi a fait fabriquer depuis quelques années dans les forges de l'Angoumois et du Périgord, situées à peu de distance d'Angoulême.

Le commerce des papeteries a un cours en général assez réglé. Il n'en est pas de même de celui des eaux-de-vie : cette denrée est sujette à des variations excessives dans le prix, et ces variations donnent lieu à des spéculations très incertaines, qui peuvent ou procurer des profits immenses ou entraîner des pertes ruineuses. Les entreprises que font les maîtres de forges pour les fournitures de la marine exigent de leur part de très grosses et de très longues avances, qui leur rentrent avec des profits d'autant plus considérables qu'elles leur rentrent plus tard. Ils sont obligés, pour ne pas perdre l'occasion d'une grosse fourniture, de se procurer de l'argent à quelque prix que ce soit, et ils y trouvent d'autant plus d'avantages qu'en payant la mine et le bois comptant, ils obtiennent une diminution très forte sur le prix de ces matières premières de leurs entreprises.

IV.

Origine du haut prix de l'argent à Angoulême.

Il est aisé de comprendre que, la circonstance d'un commerce également susceptible de gros risques et de gros profits et celle d'une place dégarnie de capitaux se trouvant réunies dans la ville d'Angoulême, il en a dû résulter un taux courant d'intérêt assez haut et plus fort en général qu'il ne l'est dans les autres places de commerce. En effet, il est notoire que, depuis une quarantaine d'annees, la plus grande partie des négociations d'argent s'y sont faites sur le pied de 8 ou 9 pour 100 par an, et quelquefois sur le pied de 10, suivant que les demandes étaient plus ou moins nombreuses et les risques à courir plus ou moins grands.

V.

Banqueroutes récentes à Angoulême. Manœuvre dont elles ont été accompagnées.

Il est encore assez naturel que, dans un commerce tel que je viens de dépeindre celui d'Angoulême, les banqueroutes soient très fréquentes, et c'est ce qu'on voit effectivement. Il s'en est fait depuis quelque temps deux assez considérables, qu'on peut, sans jugement téméraire, regarder comme frauduleuses, et qui paraissent avoir beaucoup de connexité avec les manœuvres des dénonciations contre les prêteurs d'argent. Elles avaient été préparées par une autre manœuvre assez singulière. Le nommé T....-P....; un autre T...., distingué par le nom de la V.... (ce sont les deux banqueroutiers); le nommé N...., ancien aubergiste d'Angoulême, qui, depuis, s'étant jeté dans une foule d'entreprises mal concertées, se trouve réduit aux abois, et deux ou trois autres particuliers, s'étaient concertés pour se faire des billets au profit les uns des autres, sans qu'il y eût aucune valeur réelle fournie, mais seulement un billet de pareille somme, signé de celui qui recevait le premier. Ces billets étaient successivement endossés par tous ceux qui trempaient dans cette manœuvre. Dans cet état, le porteur d'un de ces billets s'en servait ou pour faire des paiements, ou pour emprunter de l'argent d'un banquier ou de tout autre possesseur de capitaux. Celui qui recevait le billet, le voyant revêtu de plusieurs signatures, et n'imaginant pas que tous les signataires pussent manquer à la fois, le prenait sans difficulté. Pour éviter que la manœuvre ne fût découverte, les porteurs de billets avaient l'attention de ne jamais présenter à la même personne les billets qui se compensaient réciproquement. L'un portait à un banquier le billet fait, par exemple, par N.... au profit de T....-P...., et on portait à un autre le billet fait par T....-P.... au profit de N..... Par ce moyen,

les auteurs de cette manœuvre avaient su se former un crédit sans aucun fonds, sur lequel ils
faisaient rouler différentes entreprises de commerce. On prétend que T....-P...., qui avait
déjà fait, il y a quelques années, une première
banqueroute, dans laquelle ses créanciers avaient
perdu 80 pour 100, avait su, par ce crédit arti-
ficiel, se procurer des fonds très considérables,
avec lesquels il a pris la fuite à la fin de l'été
dernier.

VI.

Connexité de la manœuvre des banqueroutiers
avec celle des dénonciations de faits d'usure.

Ceux qui avaient eu l'imprudence de donner
de l'argent sur ces billets frauduleux ont paru
dans la disposition de poursuivre les endosseurs.
C'est alors que ceux-ci ont imaginé de se réunir
avec quelques autres particuliers ruinés comme
eux, et d'intimider ceux qui voudraient les poursuivre en les menaçant de les dénoncer à la justice comme ayant exigé des intérêts usuraires. Ils
ont, en effet, réalisé cette menace, et les trou-

bles arrivés dans le commerce d'Angoulême sont l'ouvrage de cette cabale. Les principaux chefs sont ce nommé N...., dont j'ai déjà parlé ; un nommé la P...., maître de forges à Bourumil, près de Nontron, petite ville du Périgord ; un nommé C.... M...., et plusieurs autres marchands banqueroutiers ou prêts à l'être. Ces trois particuliers se sont associés avec un procureur nommé T...., qui leur sert de conseil et d'agent principal.

VII.

Dénonciation du sieur C.... de C....

Leur première démarche a été de faire dénoncer, par C.... M...., le sieur C.... de C...., comme coupable de négociations usuraires. Le procureur du roi a reçu la dénonciation le 26 septembre dernier. Il s'est rendu partie contre le sieur C...., et un très grand nombre de témoins ont été assignés à sa requête.

VIII.

*Restitutions imprudemment faites par la fa-
mille de C.... Manœuvres odieuses des dénonciateurs.*

Le sieur de C....., qu'on dit avoir prêté de
l'argent non seulement à des négociants, mais à
différents particuliers, à un taux véritablement
excessif, a été intimidé et s'est caché. Sa famille,
alarmée, et craignant que le sénéchal ne pro-
nonçât contre lui des condamnations flétrissan-
tes, a voulu apaiser les dénonciateurs et les témoins en offrant de restituer l'argent qu'il avait
touché au-delà du taux fixé par les lois. Cette
facilité n'a pas manqué d'encourager la cabale et
de multiplier les demandes à l'infini. On dit,
mais je n'ai sur cela aucun détail précis, que
ceux qui prétendaient avoir quelque témoignage
à porter contre le sieur C.... se présentaient
sans preuve, sans registres qui constatassent ni
les négociations dont ils se plaignaient, ni le
montant des intérêts exigés; ils fixaient arbitrairement ce qu'ils voulaient, et la menace de dé-

poser faisait leur titre. Le procureur T.... les
accompagnait, et l'on ne manquait pas de stipuler sa part du butin. On assure que la famille
du sieur de C.... a déboursé plus de soixante
mille livres pour satisfaire l'avidité de ces exacteurs, et que cette somme a absorbé la plus
grande partie de la fortune de ce particulier, qui
se trouve entièrement ruiné ; mais cette malheureuse famille n'a rien gagné à cette extravagante
prodigalité, et l'on m'a mandé d'Angoulême
que ceux dont elle avait payé si chèrement le
silence n'en avaient pas moins fait les dépositions les plus fortes lorsqu'ils avaient été assignés
comme témoins.

IX.

*Menaces faites aux autres prêteurs d'argent
par la cabale des dénonciateurs.*

Encouragés par un pareil succès, les chefs de
la cabale n'ont pas manqué de faire usage des
mêmes armes contre les autres prêteurs d'argent
de la ville d'Angoulême. N.... et la P...., qui
paraissent être les deux plus actifs, ont ameuté

de tous côtés ceux qui pouvaient avoir fait des
négociations à gros intérêts avec les capitalistes
d'Angoulême. J'ai sous les yeux des lettres écri-
tes par la P...., qui prouvent qu'il a cherché
jusqu'au fond du Limousin des particuliers qui
pouvaient avoir payé de gros intérêts aux prêteurs d'Angoulême, et qu'il leur offrait de conduire leurs affaires. Ce même la P...., qui,
ayant fait de grandes entreprises pour la marine,
avait été plus qu'un autre dans le cas d'emprunter à gros intérêts, a écrit plusieurs lettres à différents particuliers, par lesquelles il exige d'eux
des sommes considérables, en les menaçant de
les dénoncer. Il avait écrit entre autres à un
nommé R...., en lui mandant qu'il lui fallait
six sacs de mille francs, et qu'on lui remît un
billet de 622 livres qu'il avait négocié avec ce
R..... *Il les faut,* disait-il, *il les faut, etc.
J'ai été mis sur le grabat parce que j'étais
maître de forges et honnête homme ; il faut que
je tâche de me relever.... Il faut finir ce soir à
quatre heures.* Je n'ai point vu cette lettre en
original, parce que, le fils du sieur R....
ayant eu l'imprudence, dans le premier mouve-
ment de son indignation, d'aller trouver le sieur
de la P...., et de le menacer de voies de fait,

celui-ci en a pris occasion de rendre plainte contre lui au criminel, et a, depuis, accommodé l'affaire en exigeant qu'on lui remît sa lettre, et que R.... s'engageât à n'en point faire usage contre lui ; mais, comme elle avait été ouïe de plusieurs personnes, je suis assuré qu'elle contenait en substance ce que je viens de marquer.

X.

Nouvelles restitutions par les prêteurs intimidés. Multiplications des demandes en conséquence.

Plusieurs des prêteurs, ainsi menacés, sont entrés en accommodement, ainsi que la famille du sieur C....; et cela n'a servi qu'à exciter de plus en plus cette cabale, et à multiplier le nombre des demandeurs. Tous ceux qui se sont imaginé avoir été lésés dans quelques négociations d'argent se sont réveillés, et la nuée grossit de jour en jour. On ne se contente pas de demander la restitution des intérêts ou des escomptes pris au-dessus de 5 ou 6 pour 100 : on va jusqu'à demander l'intérêt de ces intérêts.

J'en ai eu l'exemple sous les yeux dans une lettre signée D. C...., laquelle est conçue en ces termes :

En 1763, le 20 décembre, vous m'avez pris 60 liv. sur un billet de 1,000 liv. à l'ordre de M. B...., endossé par M. C.... père. Je vous demande 30 liv. de restitution et 18 liv. d'intérêt. Si vous ne me les renvoyez, je pars, immédiatement après mon déjeuner, pour Ruelle, pour chercher le certificat, et, à mon retour, je vous dénonce. Puisque vous m'avez fait la grâce de ne pas vous en rapporter à moi, comptez sur ma parole d'honnête homme.

On a redemandé à des enfants de prétendues restitutions pour des affaires traitées avec leurs pères, décédés depuis plusieurs années, et cela sans produire aucun acte, aucun registre, ni aucune autre preuve que la simple menace de dénoncer. Ce trait prouve l'espèce de vertige que le succès des premiers dénonciateurs a imprimé dans les esprits.

Un collecteur dont le père avait autrefois emprunté de l'argent d'un receveur des tailles, se trouvant arréragé de plus de 2,000 livres sur son recouvrement, a bien eu l'audace de lui écrire qu'il prétendait compenser cette somme avec les escomptes que ce receveur avait pris autrefois de lui ou de son père.

L'avidité et l'acharnement des dénonciateurs, d'un côté, de l'autre la terreur de tous les négociants prêteurs d'argent, n'ont pu être qu'infiniment augmentés par la facilité avec laquelle les officiers de justice d'Angoulême ont paru se prêter à ces accusations d'usure.

XI.

Influences funestes de cette fermentation sur le crédit et le commerce d'Angoulême.

L'effet des poursuites faites sur ces accusations a dû être et a été le discrédit le plus absolu dans tout le commerce d'Angoulême. L'autorisation donnée à la mauvaise foi des emprunteurs a fermé toutes les bourses des prêteurs, dont la fortune se trouve d'ailleurs ébranlée par cette secousse. Aucun engagement échu ne se renouvelle; toutes les entreprises sont arrêtées; les fabricants sont exposés à manquer, par l'impossibilité de trouver aucun crédit pour attendre la rentrée de leurs fonds. J'ai déjà fait mention, au commencement de ce mémoire, de la grande quantité de lettres de change qui ont été protestées depuis ces troubles. J'ai appris que, les marchands qui vendent les étoffes destinées à la consommation de la ville s'étant adressés, suivant leur usage, à Lyon, pour donner leurs commissions, on leur a répondu qu'on ne ferait aucune affaire avec messieurs d'Angoulême qu'argent comptant. Ce discrédit influe même sur la subsistance des peuples. Les récoltes ayant manqué dans la province, elle a besoin, pour en remplir le vide, des ressources du commerce. La ville d'Angoulême étant située sur une rivière navigable, on devait s'attendre qu'elle serait toujours abondamment pourvue, et que ses négociants s'empresseraient de former des magasins non seulement pour son approvisionnement, mais même pour celui d'une partie de la province; mais l'impossibilité où le discrédit général les a mis de faire aucune spéculation rend cette ressource absolument nulle.

XII.

Nécessité d'arrêter le cours de ces vexations.

Il serait superflu de s'étendre sur les tristes conséquences d'une pareille révolution. C'est un grand mal que le dérangement de toutes les opérations du commerce, l'interruption de la circulation de l'argent, l'alarme répandue parmi les négociants d'une ville, et l'ébranlement de leur fortune. C'en est un autre non moins grand que le triomphe d'une cabale de fripons, qui, après avoir abusé de la crédulité des particuliers pour se procurer de l'argent sur des billets frauduleux, ont eu l'adresse, plus coupable encore, de chercher dans les lois mal entendues un moyen non seulement de se garantir des poursuites de leurs créanciers, mais encore d'exercer contre eux la vengeance la plus cruelle, de les ruiner, de les diffamer, et de s'enrichir de leurs dépouilles. Ce succès de la mauvaise foi et cette facilité donnée à des négociants de revenir contre les engagements

contractés librement seraient aussi scandaleux
que funestes au commerce non seulement d'une
place, mais de toutes celles du royaume. Il est
donc aussi nécessaire que juste d'apporter à ce
mal un remède efficace, et d'arrêter le cours
d'un genre de vexation aussi odieux, d'autant
plus dangereux qu'il se couvre des apparences du
zèle pour l'observation des lois.

XIII.

Difficulté de remédier à ces maux.

Mais, par cela même que le mal a, en quelque sorte, sa racine dans des principes ou des
préjugés regardés comme consacrés par les lois,
il peut n'être pas facile de se décider sur le
remède convenable et sur la manière de l'appliquer.

———

XIV.

État de nos lois sur la matière de l'intérêt de l'argent. Impossibilité de les observer en rigueur. Inconvénients de la tolérance arbitraire à laquelle on s'est réduit dans la pratique.

J'oserai trancher le mot : les lois reconnues dans les tribunaux sur la matière de l'intérêt de l'argent sont mauvaises. Notre législation s'est conformée aux préjugés rigoureux sur l'usure, introduits, dans les siècles d'ignorance, par des théologiens qui n'ont pas mieux entendu le sens de l'Écriture que les principes du droit naturel. L'observation rigoureuse de ces lois serait destructive de tout commerce : aussi ne sont-elles pas observées rigoureusement. Elles interdisent toute stipulation d'intérêt, sans aliénation du capital; elles défendent, comme illicite, tout intérêt stipulé au-delà du taux fixé par les ordonnances du prince. Et c'est une chose notoire qu'il n'y a pas sur la terre une place de commerce où la plus grande partie du commerce ne roule sur l'argent emprunté sans aliénation du capital, et où les intérêts ne soient réglés par la seule convention, d'après l'abondance plus ou moins grande de l'argent sur la place et la solvabilité plus ou moins sûre de l'emprunteur. La rigidité des lois a cédé à la force des choses; il a fallu que la jurisprudence modérât dans la pratique ses principes spéculatifs, et l'on en est venu à tolérer ouvertement le prêt par billet, l'escompte, et toute espèce de négociation d'argent entre commerçants. Il en sera toujours ainsi toutes les fois que la loi défendra ce que la nature des choses rend nécessaire. Cependant cette position où les lois ne sont point observées, mais subsistent sans être révoquées, et sont même encore observées en partie, entraîne de très grands inconvénients. D'un côté, l'inobservation connue de la loi diminue le respect que tous les citoyens devraient avoir pour tout ce qui porte ce caractère; de l'autre, l'existence de cette loi entretient un préjugé fâcheux, flétrit une chose licite en elle-même, une chose dont la société ne peut se passer, et que, par conséquent, une classe nombreuse de citoyens est obligée de se permettre. Cette classe de citoyens en est dégradée, et ce commencement d'avilissement dans l'opinion publique affaiblit pour elle le frein de l'honneur, ce précieux appui de l'honnêteté. L'auteur de *l'Esprit des lois* a très bien remarqué, à l'occasion même des préjugés sur l'usure, que, quand les lois défendent une chose nécessaire, elles ne réussissent qu'à rendre malhonnêtes gens ceux qui la font. D'ailleurs, les cas où la loi est observée et ceux où l'infraction en est tolérée n'étant point spécifiés par la loi même, le sort des citoyens est abandonné à une jurisprudence arbitraire et changeante comme l'opinion. Ce qu'une foule de citoyens pratiquent ouvertement, et pour ainsi dire avec le sceau de l'approbation publique, sera puni sur d'autres comme un crime : en sorte que, pour ruiner et flétrir un citoyen qui se reposait avec confiance sur la foi d'une tolérance notoire, il ne faut qu'un juge peu instruit ou aveuglé par un zèle mal entendu.

Les juridictions consulaires admettent les intérêts stipulés sans aliénation du capital (1),

______

(1) Je n'ignore pas que les juridictions consulaires ne prononcent jamais expressément qu'il soit dû des intérêts en vertu de la seule stipulation sur simple billet, sans aliénation du capital; mais il n'en est pas moins vrai que, dans le fait, elles autorisent équivalemment ces intérêts,

tandis que les tribunaux ordinaires les réprouvent et les imputent sur le capital. Il existe des peines prononcées contre l'usure. Ces peines sont, pour la première fois, l'amende honorable, le bannissement, la condamnation en de grosses amendes, et, pour la seconde fois, la confiscation de corps et de biens, c'est-à-dire la condamnation à une peine qui entraîne la mort civile, telle que la condamnation aux galères à perpétuité ou le bannissement perpétuel. L'ordonnance de Blois, qui prononce ces peines, ne fait aucune distinction entre tous les différents cas que les théologiens et les jurisconsultes ont compris sous la dénomination d'usure. Ainsi, à ne considérer que la lettre de la loi, tout homme qui prête sans aliéner le capital, tout homme qui escompte des billets sur la place, tout homme qui prête à un taux au-dessus de celui de l'ordonnance, a mérité ces peines, et l'on peut bien dire qu'il n'y a pas un commerçant, pas un ban-

puisque les billets dont elles ordonnent le paiement comprennent ordinairement l'intérêt outre le capital, et que les juges-consuls ne s'arrêtent point aux allégations que ferait le débiteur d'avoir compris dans son billet le capital et l'intérêt. (*Note de l'auteur.*)

quier, pas un homme intéressé dans les affaires du roi, qui n'y fût exposé. Il est notoire que le service courant de presque toutes les parties de la finance ne se fait que par des négociations de cette espèce.

On répondra sans doute, et cette réponse se trouve même dans des auteurs de droit d'ailleurs très estimables, que les tribunaux ne poursuivent par la voie criminelle que les usures énormes; mais cette réponse même est un aveu de l'arbitraire inséparable de toute exécution qu'on voudra donner à cette loi : car quelle règle pourra servir à distinguer l'usure énorme et punissable de l'usure médiocre et tolérable? Ne sait-on pas même qu'il y a des usures qu'on est obligé de tolérer? Il n'y en a peut-être pas de plus forte que celle qu'on connaît à Paris sous le nom de prêt à la petite semaine; elle a été quelquefois jusqu'à deux sous par semaine pour un écu de trois livres : c'est sur le pied de cent soixante-treize et un tiers pour cent. Cependant c'est sur cette usure vraiment énorme que roule le détail du commerce des denrées qui se vendent à la halle et dans les marchés de Paris. Les emprunteurs ne se plaignent pas des conditions de ce prêt, sans lequel ils ne pourraient faire un commerce qui les fait vivre, et les prêteurs ne s'enrichissent pas beaucoup, parce que cet intérêt exorbitant n'est guère que la compensation du risque que court le capital. En effet, l'insolvabilité d'un seul emprunteur enlève tout le profit que le prêteur peut faire sur trente; en sorte que, si le risque d'infidélité ou d'insolvabilité de l'emprunteur était d'un sur trente, le prêteur ne tirerait aucun intérêt de son argent, et que, si ce risque était plus fort, il perdrait sur son capital.

Maintenant si le ministère public est obligé de fermer les yeux sur une usure aussi forte, quelle sera donc l'usure qu'il pourra poursuivre sans injustice? Prendra-t-il le parti de rester tranquille, et d'attendre, pour faire parler la loi, que l'emprunteur qui se croit lésé provoque son activité par une plainte ou une dénonciation? Il ne sera donc que l'instrument de la mauvaise foi des fripons qui voudront revenir contre les engagements contractés librement; la loi ne protégera que ceux qui sont indignes de sa protection, et le sort de ceux-ci sera plus avantageux que celui des hommes honnêtes, qui, fidèles à leurs conventions, rougiraient de profiter d'un moyen que la loi leur offre pour les en dégager.

XV.

*Ce qui se passe à Angoulême est une preuve
des inconvénients attachés à l'arbitraire de
la jurisprudence.*

Toutes ces réflexions s'appliquent naturellement à ce qui se passe à Angoulême, où les juges
ont reçu des dénonciations et instruit une procédure criminelle à l'occasion de prêts auxquels
des juges plus familiarisés avec la connaissance
des opérations du commerce n'auraient fait aucune attention. Si l'admission de ces dénonciations a donné au commerce une secousse dangereuse, a compromis injustement la fortune et
l'honneur des particuliers, a fait triompher la
manœuvre odieuse d'une cabale de fripons, ces
magistrats ont à dire pour leur défense qu'ils
n'ont fait que se conformer aux lois; que, si
l'exécution de ces lois entraîne des inconvénients, c'est au gouvernement à y pourvoir par
l'exercice de la puissance législative; que ce n'est
point au juge à les prévoir; que l'exactitude est
son mérite, comme la sagesse et l'étendue des

vues est celui du législateur. Cette apologie n'est pas sans fondement, et il est certain qu'on ne peut blâmer les juges d'Angoulême que d'après les principes d'une jurisprudence qu'aucune loi n'a consacrée.

XVI.

Raisons qui paraissent devoir décider à saisir cette occasion pour réformer la loi ou fixer la jurisprudence.

Faut-il pour cela rester dans l'inaction, et voir avec indifférence une fermentation dont les suites peuvent être aussi funestes au commerce ? Je ne puis le penser, et je crois, au contraire, que cette occasion doit déterminer le gouvernement ou à réformer tout-à-fait les lois sur cette matière d'après les vrais principes, ou du moins à fixer, d'une manière à faire cesser tout arbitraire, la jurisprudence qui doit tempérer la rigueur des lois existantes. Je crois enfin que, dans tous les cas, il est juste et nécessaire de venir au secours du commerce et des particuliers mal à propos vexés par ce qui s'est passé à

Angoulême, et de les faire jouir du moins des
tempéraments que la jurisprudence générale apporte à la sévérité des lois et de la liberté qu'elle
laisse à cet égard aux opérations du commerce.

XVII.

*Motifs qui engagent à envisager les vrais prin-
cipes de cette matière en eux-mêmes, et en
faisant abstraction pour le moment des tempéraments que les circonstances peuvent
exiger.*

Quand je parle de changer les lois et de les
ramener entièrement aux vrais principes de la
matière, je ne me dissimule point les obstacles
que peuvent mettre à cette réforme les préjugés
d'une partie des théologiens et des magistrats; je
sens tout ce que les circonstances peuvent com-
mander de lenteur, de circonspection, de timi-
dité même. Ce n'est point à moi à examiner à
quel point la théorie doit céder dans la pratique
à des ménagements nécessaires; mais je n'en crois
pas moins utile de fixer entièrement nos idées
sur le véritable point de vue sous lequel on doit

envisager la matière de l'intérêt de l'argent et les conventions auxquelles on a donné le nom d'usure. Il faut connaître les vrais principes lors même qu'on est obligé de s'en écarter, afin de savoir du moins précisément à quel point on s'en écarte, afin de ne s'en écarter qu'autant exactement que la nécessité l'exige, afin de ne pas du moins suivre les conséquences d'un préjugé qu'on craint de renverser, comme on suivrait celles d'un principe dont la vérité serait reconnue.

XVIII.

Examen et développement des vrais principes du droit naturel sur la matière de l'intérêt de l'argent.

C'est d'après ce point de vue que je hasarde d'entrer ici dans une discussion assez étendue, pour faire voir le peu de fondement des opinions de ceux qui ont condamné l'intérêt du prêt fait sans aliénation du capital, et la fixation de cet intérêt par la seule convention. Quoique les lumières des personnes auxquelles ce mémoire est destiné pussent et dussent peut-être me dispenser d'appuyer sur des raisonnements dont l'évidence est, pour ainsi dire, trop grande, la multitude de ceux qui conservent les préjugés que j'ai à combattre et les motifs respectables qui les y attachent m'excuseront auprès d'elles, et je suis persuadé que ceux dont j'attaque les opinions auront beaucoup plus de peine à me pardonner.

XIX.

Preuve de la légitimité du prêt à intérêt, tirée du besoin absolu que le commerce en a. Développement de cette nécessité.

C'est d'abord une preuve bien forte contre les principes adoptés par les théologiens rigoristes, sur la matière du prêt à intérêt, que la nécessité absolue de ce prêt pour la prospérité et pour le soutien du commerce : car quel homme raisonnable et religieux en même temps peut supposer que la Divinité ait interdit une chose absolument nécessaire à la prospérité des sociétés? Or la nécessité du prêt à intérêt pour le commerce, et par conséquent pour la société civile, est prouvée d'abord par la tolérance que le besoin absolu du commerce a forcé d'accorder à ce genre de négociations, malgré les préjugés rigoureux et des théologiens et des jurisconsultes : cette nécessité est d'ailleurs une chose évidente par elle-même. J'ai déjà dit qu'il n'y a pas sur la terre une place de commerce où la plus grande partie des entreprises ne roulent sur l'argent emprunté. Il n'est pas un seul négociant peut-être qui ne soit souvent obligé de recourir à la bourse d'autrui. Le plus riche en capitaux ne pourrait même s'assurer de n'avoir jamais besoin de cette ressource qu'en gardant une partie de ses fonds oisifs, et en diminuant par conséquent l'étendue de ses entreprises. Il n'est pas moins évident que ces capitaux étrangers, nécessaires à tous les négociants, ne peuvent leur être confiés par les propriétaires qu'autant que ceux-ci y trouveront un avantage capable de les dédommager de la privation d'un argent dont ils pourraient user et des risques attachés à toute entreprise de commerce. Si l'argent prêté ne rapportait point d'intérêt, on ne le prêterait point. Si l'argent prêté pour des entreprises incertaines ne rapportait pas un intérêt plus fort que l'argent prêté sur de bonnes hypothèques, on ne prêterait jamais d'argent à des né-

gociants. S'il était défendu de retirer des intérêts d'un argent qui doit rentrer à des échéan-
ces fixes, tout argent dont le propriétaire pré-
voirait avoir besoin dans un certain temps, sans
en avoir un besoin actuel, serait perdu pendant
cet intervalle pour le commerce ; il resterait oisif
dans les coffres du propriétaire qui n'en a pas
besoin, et serait comme anéanti pour celui qui
en aurait un besoin urgent. L'exécution rigoureuse d'une pareille défense enlèverait à la circulation des sommes immenses, que la confiance
de les retrouver au besoin y fait verser à l'a-
vantage réciproque des prêteurs et des emprunteurs, et le vide s'en ferait nécessairement sentir
par le haussement de l'intérêt de l'argent et par
la cessation d'une grande partie des entreprises
de commerce.

XX.

*Nécessité d'abandonner la fixation de l'intérêt
dans le commerce aux conventions des négociants et aux cours des différentes causes qui
le font varier. Indication de ces causes.*

Il est donc d'une nécessité absolue, pour entretenir la confiance et la circulation de l'argent, sans laquelle il n'est point de commerce, que le prêt d'argent à intérêt, sans aliénation du capital et à un taux plus fort que le denier fixé pour les rentes constituées, soit autorisé dans le commerce. Il est nécessaire que l'argent y soit considéré comme une véritable marchandise, dont le prix dépend de la convention, et varie, comme celui de toutes les autres marchandises, à raison du rapport de l'offre à la demande. L'intérêt étant le prix de l'argent prêté, il hausse quand il y a plus d'emprunteurs et moins de prêteurs ; il baisse, au contraire, quand il y a plus d'argent offert à prêter qu'il n'en est demandé à emprunter. C'est ainsi que s'établit le prix courant de l'intérêt ; mais ce prix courant n'est pas l'unique règle qu'on suive ni qu'on doive suivre pour fixer le taux de l'intérêt dans les négociations particulières. Le risque que peut courir le capital dans les mains de l'emprunteur, le besoin de celui-ci et les profits qu'il espère tirer de l'argent qu'on lui prête, sont des circonstances qui, en se combinant diversement entre elles et avec le prix de l'intérêt, doivent souvent en porter le taux plus haut qu'il ne l'est dans le cours ordinaire du commerce. Il est assez évident qu'un prêteur ne peut se déterminer à risquer son capital que par l'appât d'un profit plus grand, et il ne l'est pas moins que l'emprunteur ne se déterminera à payer un intérêt plus fort qu'autant que ses besoins seront plus urgents, et qu'il espérera tirer de cet argent un plus grand profit.

XXI.

Les inégalités du taux, à raison de l'inégalité des risques, n'ont rien que de juste.

Que peut-il y avoir à cela d'injuste?

Peut-on exiger d'un propriétaire d'argent qu'il risque son fonds sans aucun dédommagement?

Il peut ne pas prêter, dit-on. Sans doute, et c'est cela même qui prouve qu'en prêtant, il peut exiger un profit qui soit proportionné à son risque : car pourquoi voudrait-on priver celui qui, en empruntant, ne peut donner de sûretés satisfaisantes, d'un secours dont il a un besoin absolu?

Pourquoi voudrait-on lui ôter les moyens de

tenter des entreprises dans lesquelles il espère s'enrichir ?

Aucune loi ni civile ni religieuse n'oblige personne à lui procurer des secours gratuits : pourquoi la loi civile ou religieuse défendrait-elle de lui en procurer au prix auquel il consent de les payer pour son propre avantage ?

XXII.

La légitimité du prêt à intérêt est indépendante des suppositions de profit cessant ou naissant.

L'impossibilité absolue de faire subsister le commerce sans le prêt à intérêt n'a pu être méconnue par ceux même qui affectent le plus de le condamner.

La plupart ont cherché à éluder la rigueur de leurs propres principes par des distinctions et des subterfuges scolastiques de profit cessant pour le prêteur, de profit naissant pour l'emprunteur ; comme si l'usage que l'acheteur fait de la chose vendue était une circonstance essentielle à la légitimité du prix : comme si le pro-

priétaire d'un meuble qui n'en fait aucun usage
était obligé à l'alternative de le donner ou de le
garder; comme si le prix que le boulanger retire
du pain qu'il vend n'était pas également légitime, soit que l'acheteur s'en nourrisse, soit qu'il
le laisse perdre.

Si l'on veut que la simple possibilité de l'usage
lucratif de l'argent suffise pour en légitimer l'intérêt, cet intérêt sera légitime dans tous les cas :
car il n'y en a aucun où le prêteur et l'emprunteur ne puissent toujours, s'ils le veulent, faire
de leur argent quelque emploi lucratif.

Il n'est aucun argent avec lequel on ne puisse
ou se procurer un immeuble qui porte un revenu, ou faire un commerce qui donne un profit.
Ce n'est assurément pas la peine d'établir, en
thèse générale, que le prêt à intérêt est défendu,
pour établir en même temps un principe d'où
résulte une exception aussi générale que la prétendue règle.

XXIII.

*La légitimité du prêt à intérêt est une consé-
quence immédiate de la propriété qu'a le prêteur de la chose qu'il prête.*

Mais ce ne sont point ces vaines subtilités
qui rendent légitime le prêt à intérêt ; ce n'est
pas même son utilité, ou plutôt la nécessité dont
il est pour le soutien du commerce. Il est licite
par un principe plus général et plus respectable
encore, puisqu'il est la base sur laquelle porte
tout l'édifice des sociétés : je veux dire par le
droit inviolable attaché à la propriété d'être
maître absolu de sa chose, de ne pouvoir en
être dépouillé que de son consentement, et de
pouvoir mettre à son consentement telle condition que l'on juge à propos (1). Le propriétaire
d'un effet quelconque peut le garder, le donner,
le vendre, le prêter gratuitement ou le louer,
soit pour un certain temps, soit pour un temps
indéfini. S'il vend ou s'il loue, le prix de la

(1) Voyez l'introduction de ce recueil, depuis la page 15
jusqu'à la page 34.

vente ou du louage n'est limité que par la volonté de celui qui achète ou qui prend à loyer ; et tant que cette volonté est parfaitement libre, et qu'il n'y a pas d'ailleurs de fraude de la part de l'une ou de l'autre partie, le prix est toujours juste et personne n'est lésé. Ces principes sont avoués de tout le monde quand il s'agit de toute autre chose que de l'argent, et il est évident qu'ils ne sont pas moins applicables à l'argent qu'à toute autre chose. La propriété de l'argent n'est pas moins absolue que celle d'un meuble, d'une pièce d'étoffe, d'un diamant. Celui qui le possède n'est pas plus tenu de s'en dépouiller gratuitement : le donner, le prêter gratuitement est une action louable, que la générosité inspire, que l'humanité et la charité exigent quelquefois, mais qui n'est jamais de l'ordre de la justice rigoureuse. On peut aussi ou donner ou prêter toutes sortes de denrées, et on le doit aussi dans certains cas. Hors de ces circonstances où la charité exige qu'on se dépouille soi-même pour secourir les malheureux, on peut vendre son argent, et on le vend en effet lorsqu'on le donne en échange de toute autre marchandise ; on le vend lorsqu'on le donne en échange d'un fonds de terre ou d'un revenu équivalent, comme

quand on le place à constitution ; on le vend
contre de l'argent lorsqu'on donne de l'argent
dans un lieu pour en recevoir dans un autre,
espèce de négociation connue sous le nom de
change de place en place, et dans laquelle on
donne moins d'argent dans un lieu pour en recevoir plus dans un autre, comme, dans la négociation du prêt à intérêt, on donne moins d'argent dans un temps pour en recevoir davantage
dans un autre, parce que la différence du temps,
comme celle des lieux, met une différence réelle
dans la valeur de l'argent.

XXIV.

La propriété de l'argent emporte le droit de le
vendre et le droit d'en tirer un loyer.

Puisqu'on vend l'argent comme tout autre
effet, pourquoi ne le louerait-on pas comme
tout autre effet? Et l'intérêt n'étant que le loyer
de l'argent prêté pour un temps, pourquoi ne
serait-il pas permis de le recevoir? Par quel
étrange caprice la morale ou la loi prohibe-.
raient-elles un contrat libre entre deux parties,
qui toutes deux y trouvent leur avantage ; et

peut-on douter qu'elles ne l'y trouvent, puis-qu'elles n'ont pas d'autre motif pour s'y déter-miner? Pourquoi l'emprunteur offrirait-il un loyer de cet argent pour un temps, si, pendant ce temps, l'usage de cet argent ne lui était avan-tageux? Et si l'on répond que c'est le besoin qui le force à se soumettre à cette condition, est-ce que ce n'est pas un avantage que la satisfaction d'un véritable besoin? Est-ce que ce n'est pas le plus grand de tous? C'est aussi le besoin qui force un homme à prendre du pain chez un boulanger: le boulanger en est-il moins en droit de recevoir le prix du pain qu'il vend?

XXV.

Fausses idées des scolastiques sur la prétendue stérilité de l'argent. Fausses conséquences qu'ils en ont tirées contre la légitimité de l'intérêt.

Ces notions sont si simples, elles sont d'une évidence si palpable, qu'il semble que les dé-tails dans lesquels on entre pour les prouver ne puissent que les affaiblir, en fatiguant l'atten-tion, et l'on a peine à concevoir comment l'ignorance et quelques fausses subtilités ont pu les obscurcir. Ce sont les théologiens scolastiques qui ont introduit les préjugés qui règnent encore chez beaucoup de personnes sur cette matière. Ils sont partis d'un raisonnement qu'on dit être dans Aristote, et, sous prétexte que l'argent ne produit point d'argent, ils en ont conclu qu'il n'était pas permis d'en retirer par la voie du prêt. Ils oubliaient qu'un bijou, un meuble et tout autre effet, à l'exception des fonds de terre et des bestiaux, sont aussi stériles que l'argent, et que cependant personne n'a jamais imaginé qu'il fût défendu d'en tirer un loyer ; ils oubliaient que la prétendue stérilité de l'argent, si l'on pouvait en conclure quelque chose, rendrait l'intérêt d'un capital aliéné à perpétuité aussi criminel que l'intérêt du capital aliéné à temps ; ils oubliaient que cet argent prétendu stérile est chez tous les peuples du monde l'équivalent, non pas seulement de toutes les marchandises, de tous les effets mobiliers stériles comme lui, mais encore des fonds de terre qui produisent un revenu très réel. Ils oubliaient que cet argent est l'instrument nécessaire de toutes les entreprises d'agriculture, de fabrique, de commerce ; qu'avec lui l'agriculteur, le fabricant, le négociant, se procurent des profits immenses, et ne peuvent se les procurer sans lui; que, par conséquent, sa prétendue stérilité dans le commerce n'est qu'une erreur palpable, fondée sur une misérable équivoque. Ils oubliaient enfin ou ils ignoraient que la légitimité du prix qu'on retire soit de la vente, soit du loyer d'une chose quelconque, n'est fondée que sur la propriété qu'a de cette chose celui qui la vend ou qui la loue, et non sur aucun autre principe.

Ils ont encore employé un autre raisonnement, qu'un jurisconsulte, d'ailleurs très estimable (M. Pothier d'Orléans), s'est attaché à développer dans son *Traité des Contrats de bienfaisance*, et auquel je m'arrêterai par cette raison.

XXVI.

Autre raisonnement contre la légitimité de l'intérêt, tiré de ce que la propriété de l'argent passe à l'emprunteur au moment du prêt, d'où l'on conclut qu'il ne peut rien devoir au prêteur pour l'usage qu'il en fait.

« L'équité, dit-il, veut que, dans un contrat

« qui n'est pas gratuit, les valeurs données de
« part et d'autres soient *égales*, et que chacune
« des parties ne donne pas plus qu'elle n'a reçu,
« et ne reçoive pas plus qu'elle n'a donné. Or
« tout ce que le prêteur exige dans le prêt au-
« delà du sort principal est une chose qu'il re-
« çoit au-delà de ce qu'il a donné, puisqu'en
« recevant le sort principal seulement, il reçoit
« l'équivalent exact de ce qu'il a donné.

« On peut, à la vérité, exiger, pour les choses
« dont on peut user sans les détruire, un loyer,
« parce que cet usage, pouvant être, du moins
« par l'entendement, distingué d'elles-mêmes,
« est appréciable. Il a un prix distingué de la
« chose : d'où il suit que, lorsque j'ai donné à
« quelqu'un une chose de cette nature pour s'en
« servir, je peux en exiger le loyer, qui est le
« prix de l'usage que je lui en ai accordé, outre
« la restitution de la chose qui n'a pas cessé de
« m'appartenir.

« Mais il n'en est pas de même des choses qui
« se consomment par l'usage, et que les juriscon-
« sultes appellent *choses fongibles*. Comme l'u-
« sage qu'on en fait les détruit, on n'y peut pas
« concevoir un usage de la chose outre la chose
« même, et qui ait un prix outre celui de la

16.

« chose : d'où il suit qu'on ne peut céder à quel-
« qu'un l'usage d'une chose sans lui céder en-
« tièrement la chose et lui en transférer la pro-
« priété.

« Quand je vous prête une somme d'argent
« pour vous en servir, à la charge de m'en rendre
« autant, vous ne recevez de moi que cette
« somme d'argent, et rien de plus. L'usage que
« vous aurez de cette somme d'argent est renfer-
« mé dans le droit de propriété que vous ac-
« querrez de cette somme : ce n'est pas quel-
« que chose que vous ayez, outre la somme d'ar-
« gent, ne vous ayant donné que la somme d'ar-
« gent, et rien de plus. Je ne peux donc exiger
« de vous rien de plus que cette somme, sans
« blesser la justice, qui ne veut pas qu'on exige
« plus qu'on a donné. »

M. Pothier a soin d'avertir que ce raisonnement entre dans un argument employé par saint
Thomas d'Aquin, qui, se fondant sur le même
principe, que les choses fongibles qui font la matière du prêt n'ont point un usage qui soit distingué de la chose même, en conclut que vendre
cet usage, en exigeant l'intérêt, c'est vendre une
chose qui n'existe pas, ou bien exiger deux fois
le prix de la même chose, puisque le principal

rendu est exactement l'équivalent de la chose
prêtée, et que, n'y ayant aucune valeur donnée
au-delà de la chose prêtée, l'intérêt qu'on rece-
vrait au-delà en serait un double prix.

XXVII.

Réfutation de ce raisonnement.

Ce raisonnement n'est qu'un tissu d'erreurs et
d'équivoques faciles à démêler.

La première proposition, que, dans tout contrat, aucune des parties ne peut, sans injustice,
exiger plus qu'elle n'a donné, a un fondement
vrai; mais la manière dont elle est énoncée renferme un sens faux et qui peut induire en erreur. Dans tout échange de valeur contre valeur
(et toute convention proprement dite, ou à titre
onéreux, peut être regardée comme un échange
de cette espèce), il y a un sens du mot *valeur*
dans lequel la valeur est toujours égale de part
et d'autre; mais ce n'est point par un principe
de justice, c'est parce que la chose ne peut être
autrement. L'échange, étant libre de part et
d'autre, ne peut avoir pour motif que la préférence que donne chacun des contractants à la

chose qu'il reçoit sur celle qu'il donne. Cette préférence suppose que chacun attribue à la chose
qu'il acquiert une plus grande valeur qu'à la
chose qu'il cède relativement à son utilité personnelle, à la satisfaction de ses besoins ou de
ses désirs. Mais cette différence de valeur est
égale de part et d'autre : c'est cette égalité qui
fait que la préférence est exactement réciproque
et que les parties sont d'accord. Il suit de là
qu'aux yeux d'un tiers les deux valeurs échangées
sont exactement égales l'une à l'autre, et que,
par conséquent, dans tout commerce d'homme
à homme, on donne toujours valeur égale pour
valeur égale. Mais cette valeur dépend uniquement de l'opinion des deux contractants sur le
degré d'utilité des choses échangées pour la satisfaction de leurs désirs ou de leurs besoins :
elle n'a en elle-même aucune réalité sur laquelle on puisse se fonder pour prétendre que
l'un des deux contractants a fait tort à l'autre.
S'il n'y avait que deux échangeurs, les conditions de leurs marchés seraient entièrement ar-
bitraires : et, à moins que l'un des deux n'eût
employé la violence ou la fraude, les conditions
de l'échange ne pourraient en aucune manière
intéresser la morale. Quand il y a plusieurs

échangeurs, comme chacun d'eux est intéressé à ne pas acheter plus cher de l'un ce qu'un autre consent à lui donner à meilleur marché, il s'établit, par la comparaison de la totalité des offres à la totalité des demandes, une valeur courante, qui ne diffère de celle qui s'était établie dans l'échange entre deux hommes seuls que parce qu'elle est le milieu entre les différentes valeurs qui auraient résulté du débat des contractants pour chaque change considéré à part. Mais cette valeur moyenne ou courante n'acquiert aucune réalité indépendante de l'opinion et de la comparaison des besoins réciproques ; elle ne cesse pas d'être continuellement variable, et il ne peut en résulter aucune obligation de donner telle ou telle marchandise pour tel ou tel prix. Le propriétaire est toujours le maître de la garder, et par conséquent de fixer les conditions sous lesquelles il consent à s'en dessaisir.

Il est bien vrai que, dans un commerce animé et exercé par une foule de mains, chaque vendeur et chaque acheteur en particulier entre pour si peu dans la formation de cette opinion générale et dans l'évaluation courante qui en résulte, que cette évaluation peut être regardée comme un fait indépendant d'eux ; et, dans ce sens, l'usage autorise à appeler cette valeur courante la vraie valeur de la chose ; mais cette expression, plus commode que précise, ne pouvant altérer en rien le droit absolu que la propriété donne au vendeur sur la marchandise, et à l'acheteur sur l'argent, l'on ne peut en conclure que cette valeur puisse servir de fondement à aucune règle morale, et il reste exactement vrai que les conditions de tout échange ne peuvent être injustes qu'autant que la violence ou la fraude y ont influé.

Qu'un jeune étranger arrive dans une ville, et que, pour se procurer les choses dont il a besoin, il s'adresse à un marchand fripon : si celui-ci abuse de l'ignorance de ce jeune homme en lui vendant au double de la valeur courante, ce marchand commet certainement une injustice envers ce jeune homme. Mais en quoi consiste cette injustice ? Est-ce en ce qu'il lui a fait payer la chose au-delà de sa valeur réelle et intrinsèque ? Non : car cette chose n'a point, à proprement parler, de valeur réelle et intrinsèque, à moins qu'on n'entende par là le prix qu'elle a coûté au vendeur (prix qui n'est point sa valeur dans le commerce, sa valeur vénale uniquement fixée par le rapport de l'offre à la demande). La même chose qui vaut aujourd'hui dans le commerce un louis ne vaudra peut-être dans quinze jours que douze francs, parce qu'il en sera arrivé une grande quantité, ou seulement parce que l'empressement de la nouveauté sera passé. Si donc ce jeune homme a été lésé, c'est par une autre raison : c'est parce qu'on lui a fait payer six francs dans une boutique ce qu'il aurait eu pour trois livres dans la boutique voisine et dans toutes les autres de la ville ; c'est parce que cette valeur courante de trois livres est une chose notoire ; c'est parce que, par une espèce de convention tacite et générale, lorsqu'on demande à un marchand le prix d'une marchandise, on lui demande ce prix courant ; c'est parce que quiconque soupçonnerait le moins du monde la sincérité de sa réponse pourrait le vérifier sur-le-champ, et que par conséquent il ne peut demander un autre prix sans abuser de la confiance avec laquelle on s'en est rapporté à lui, sans manquer, en un mot, à la bonne foi. Ce cas rentre donc dans celui de la fraude, et c'est à ce titre seul qu'il est condamnable. On dit et l'on doit dire que ce marchand a trompé, mais non qu'il a volé ; ou, si l'on se sert quelquefois de cette dernière expression, ce n'est que dans un sens impropre et métaphorique.

Il faut conclure de cette explication que dans tout échange, dans toute convention qui a pour base deux conditions réciproques, l'injustice ne peut être fondée que sur la violence, la fraude, la mauvaise foi, l'abus de confiance, et jamais sur une prétendue illégalité métaphysique entre la chose reçue et la chose donnée.

La seconde proposition du raisonnement que je combats est encore fondée sur une équivoque grossière et sur une supposition qui est précisément ce qui est en question. Ce que le prêteur exige, dit-on, de plus que le sort principal est une chose qu'il reçoit au-delà de ce qu'il a donné, puisqu'en recevant le sort principal seulement, il reçoit l'équivalent exact de ce qu'il a donné. Il est certain qu'en rendant le sort principal, l'emprunteur rendra précisément le même poids de métal que le prêteur lui avait donné. Mais où nos raisonneurs ont-ils vu qu'il ne fallût considérer dans le prêt que le poids du métal prêté et rendu, et non la valeur, ou plutôt l'utilité dont il est pour celui qui prête et pour celui qui emprunte? Où ont-ils vu que pour fixer cette valeur il fallût n'avoir égard qu'au

poids du métal livré dans les deux époques différentes, sans comparer la différence d'utilité qui
se trouve, à l'époque du prêt, entre une somme
possédée actuellement et une somme égale qu'on
recevra dans une époque éloignée. Cette différence n'est-elle pas notoire, et le proverbe tri-
vial *Un tien vaux mieux que deux tu l'auras*
n'est-il pas l'expression naïve de cette notoriété?
Or, si une somme actuellement possédée vaut
mieux, si elle est plus utile, si elle est préféra-
ble à l'assurance de recevoir une pareille somme
dans une ou plusieurs années, il n'est pas vrai
que le prêteur reçoive autant qu'il donne lorsqu'il ne stipule point l'intérêt : car il donne de
l'argent, et ne reçoit qu'une promesse. Or, s'il reçoit moins, pourquoi cette différence ne serait-
elle pas compensée par l'assurance d'une augmentation sur la somme, proportionnée au retard? Cette compensation est précisément l'intérêt de l'argent.

On est tenté de rire quand on entend des
gens raisonnables, et d'ailleurs éclairés, fonder
sérieusement la légitimité du loyer des choses
qui ne se consomment point par l'usage sur ce
que cet usage, pouvant être distingué de la chose, du moins par l'entendement, est apprécia-

ble , et soutenir que le loyer des choses qui se
détruisent par l'usage est illégitime, parce qu'on
n'y peut pas concevoir un usage distingué de la
chose. Est-ce par de pareilles abstractions qu'il
faut appuyer les règles de la morale et de la probité ? Eh ! non , non : les hommes n'ont pas besoin d'être métaphysiciens pour être honnêtes
gens. Les règles morales pour juger de la légitimité des conventions se fondent , comme les
conventions elles-mêmes , sur l'avantage réciproque des parties contractantes , et non sur les
qualités intrinsèques et métaphysiques des objets du contrat, lorsque ces qualités ne chan-
gent rien à l'avantage des parties. Ainsi, quand
j'ai loué un diamant, j'ai consenti à en payer le
loyer, parce que ce diamant m'a été utile. Ce
loyer n'en est pas moins légitime, quoique je
rende le diamant , et que ce diamant ait la
même valeur que lorsque je l'avais reçu. Par la
même raison j'ai pu consentir à payer un loyer
de l'argent dont je m'engage à rendre dans un
certain temps une égale quantité, parce que,
quand je le rendrai, j'en aurai tiré une utilité ; et
ce loyer pourra être reçu aussi légitimement
dans un cas que dans l'autre, puisque mon utilité est la même dans les deux cas La circon-

stance que l'argent rendu n'est pas précisément
l'argent qui m'avait été livré est absolument
indifférente à la légitimité du loyer, puisqu'elle
ne change rien à l'utilité réelle que j'en ai tirée,
et que c'est cette utilité seule que je paie lorsque
je paie un loyer. Qu'importe que ce que je rends
soit précisément la même chose qui m'avait été
livrée, puisque celle que je rends a précisément
la même valeur? Ce que je rends dans les deux
cas n'est-il pas toujours exactement l'équivalent
de ce que j'ai reçu; et si j'ai payé dans un cas la
liberté de m'en servir durant l'intervalle, en quoi
suis-je lésé de la payer dans l'autre? Quoi! l'on
aura pu me faire payer la mince utilité que j'aurai retirée d'un meuble ou d'un bijou, et ce sera
un crime de me faire payer l'avantage immense
que j'aurai retiré de l'usage d'une somme d'argent pendant le même temps, et cela parce que
l'entendement subtil d'un jurisconsulte peut,
dans un cas, séparer de la chose son usage, et ne
le peut pas dans l'autre? Cela est, en vérité,
trop ridicule.

Mais, disent nos raisonneurs (car il faut les
suivre dans leur dernier retranchement), l'on
ne peut pas me faire payer cet usage de l'argent,
parce que cet argent était à moi; j'en étais pro-

priétaire, parce qu'il est de la nature du prêt des choses fongibles que [la propriété en soit transportée par le prêt, sans quoi elles seraient inutiles à l'emprunteur.

Misérable équivoque encore! Il est vrai que l'emprunteur devient propriétaire de l'argent considéré physiquement comme une certaine quantité de métal. Mais est-il vraiment propriétaire de la valeur de cet argent? Non sans doute, puisque cette valeur ne lui est confiée que pour un temps, et pour la rendre à l'échéance. D'ailleurs, sans entrer dans cette discussion, qui se réduit à une vraie question de mots, que peut-on conclure de la propriété que j'ai, dit-on, de cet argent? Cette propriété, ne la tiens-je pas de celui qui m'a prêté l'argent? N'est-ce pas par son consentement que je l'ai obtenue, et ce consentement, les conditions n'en ont-elles pas été réglées entre lui et moi? Que l'usage que je ferai de cet argent soit l'usage de ma chose, à la bonne heure; que l'utilité qui m'en reviendra soit un accessoire de ma propriété, tout cela est vrai; mais quand? Quand l'argent sera à moi, quand cette propriété m'aura été transmise. Et quand me l'aura-t-elle été? Quand je l'aurai achetée et payée. Or à quel prix achèterai-je cette propriété? Qu'est-ce que je donne en échange? N'est - il pas évident que c'est l'engagement que je prends de rembourser à une certaine échéance une certaine somme, quelle qu'elle soit? N'est-il pas tout aussi évident que, si cette somme n'est qu'exactement égale à celle que je reçois, mon engagement ne sera pas l'équivalent de la propriété que j'acquiers dans le moment actuel? N'est-il pas évident que, pour fixer cet équivalent de façon que notre avantage soit égal de part et d'autre, nous devons avoir égard à l'utilité dont me sera cette propriété que j'acquiers et que je n'ai point encore, et à l'utilité dont cette propriété pourrait être au prêteur, pendant le temps qu'il en sera privé? Le raisonnement des jurisconsultes prouvera si l'on veut que je ne dois pas payer l'usage d'une chose, lorsque j'en ai déjà acquis la propriété ; mais il ne prouve pas que je n'aie pu, en me déterminant à acquérir cette propriété, en fixer le prix d'après la considération de cet usage attaché à la propriété. En un mot, tous ces raisonnements supposent toujours ce qui est en question, c'est-à-dire que l'argent reçu aujourd'hui et l'argent qui doit être rendu dans un an sont deux choses parfaitement égales. Les auteurs qui raisonnent ainsi oublient que ce n'est pas la valeur de l'argent lorsqu'il aura été rendu qu'il faut comparer avec la valeur de l'argent au moment où il est prêté, mais que c'est la valeur de la promesse d'une somme d'argent qu'il faut comparer avec une somme d'argent effective. Ils supposent que c'est l'argent rendu qui est, dans le contrat de prêt, l'équivalent de l'argent prêté, et ils supposent en cela une chose absurde : car c'est au moment du contrat qu'il faut considérer les choses respectives, et c'est dans ce moment qu'il faut en établir l'égalité. Or, au moment du prêt, il n'existe certainement qu'une somme d'argent d'un côté, et une promesse de l'autre. Si ces messieurs supposent qu'une somme de mille francs et une promesse de mille francs ont précisément la même valeur, ils font une supposition plus absurde encore. Si ces deux choses étaient équivalentes, pourquoi emprunterait-on ?

Il est bien singulier qu'ils partent du principe de l'égalité de valeur qui doit avoir lieu dans les conventions, pour établir un système suivant lequel l'avantage est tout entier pour une des parties, et entièrement nul pour l'autre. Rien n'est assurément plus palpable : car, quand on me rend, au bout de quelques années, un argent que j'ai prêté sans intérêt, il est bien clair que je n'ai rien gagné, et qu'après avoir été privé de son usage et avoir risqué de le perdre, je n'ai précisément que ce que j'aurais si je l'avais gardé pendant ce temps dans mon coffre. Il n'est pas moins clair que l'emprunteur a tiré avantage de cet argent, puisqu'il n'a eu d'autre motif pour l'emprunter que cet avantage. J'aurai donc donné quelque chose pour rien. J'aurai été généreux; mais si par ma générosité j'ai donné quelque chose de réel, j'ai donc pu le vendre sans injustice.

C'est faire bien de l'honneur aux sophismes frivoles des adversaires du prêt à intérêt que de les réfuter aussi longuement que je l'ai fait. Ce ne sont pas leurs raisonnements qui ont jamais persuadé personne. Mais quand on est persuadé par le préjugé de l'éducation, par des autorités qu'on respecte, par la connexité supposée d'un système avec des principes consacrés, alors on fait usage de toutes les subtilités imaginables pour défendre des opinions auxquelles on est attaché; on n'oublie rien pour se faire illusion à soi-même, et les meilleurs esprits en viennent quelquefois à bout.

XXVIII.

Examen et réfutation des arguments qu'on tire de l'Écriture contre la légitimité du prêt à intérêt.

Il est vraisemblable que les jurisconsultes n'auraient pas pris tant de peine pour obscurcir les notions simples du bon sens, si les théologiens scolastiques ne les avaient entraînés dans cette fausse route, et ne leur avaient persuadé que la religion proscrivait absolument le prêt à intérêt. Ceux-ci, pleins de leurs préjugés, ont cru en avoir la confirmation dans le fameux passage de l'Évangile : *Mutuum date nihil inde sperantes ;* prêtez sans en espérer aucun avantage. (Saint Luc, chap. 6, verset 35.) Des gens de bon sens n'auraient vu dans ce passage qu'un précepte de charité. Tous les hommes doivent se secourir les uns les autres. Un homme riche qui, voyant son semblable dans la misère, au lieu de subvenir à ses besoins, lui vendrait ses secours, manquerait aux devoirs du christianisme et à ceux de l'humanité. Dans de pareilles circonstances, la charité ne prescrit pas seulement de prêter sans intérêt; elle ordonne de prêter, et de donner, s'il le faut. Faire de ce précepte de charité un précepte de justice rigoureuse, c'est choquer également la raison et le sens du texte. Ces mêmes théologiens ne prétendent pas que ce soit un devoir de justice de prêter son argent. Il faut donc qu'ils conviennent que les premiers mots du passage *mutuum date* ne renferment qu'un précepte de charité. Or je demande pourquoi ils veulent que la fin du passage s'entende d'un devoir de justice. Quoi! le prêt lui-même ne sera pas un précepte rigoureux, et l'accessoire, la condition du prêt, en sera un! Jésus-Christ aura dit aux hommes : « Il vous est « libre de prêter, ou de ne pas prêter; mais si « vous prêtez, gardez-vous bien de retirer au- « cun intérêt de votre argent; et quand même « un négociant vous en demanderait pour une « entreprise dans laquelle il espère faire de grands « profits, ce serait un crime à vous d'accepter « l'intérêt qu'il vous offre. Il faut absolument « ou lui prêter gratuitement, ou ne lui point « prêter du tout. Vous avez, à la vérité, un « moyen de rendre l'intérêt légitime : c'est de « prêter votre capital pour un temps indéfini,

« et de renoncer à en exiger le remboursement,
« que votre débiteur vous fera quand il voudra,
« ou quand il pourra. Si vous y trouvez de l'in-
« convénient du côté de la sûreté, ou si vous
« prévoyez que vous aurez besoin de votre ar-
« gent dans un certain nombre d'années, vous
« n'avez pas d'autre parti à prendre que celui de
« ne point prêter. Il vaut mieux laisser man-
« quer à ce négociant l'occasion la plus précieu-
« se, que de commettre un péché pour la lui fa-
« ciliter. » Voilà ce que les théologiens rigoristes ont vu dans ces cinq mots, *Mutuum date nihil inde sperantes,* parce qu'ils les ont lus avec
les préjugés que leur donnait une fausse méta·
physique. Tout homme qui lira ce texte sans
prévention y verra ce qui y est, c'est-à-dire que
Jésus-Christ a dit à ses disciples : « Comme
« hommes, comme chrétiens, vous êtes tous frè-
« res, tous amis; traitez-vous en frères et en
« amis, secourez-vous dans vos besoins, que vos
« bourses vous soient ouvertes les uns aux au-
« tres, et ne vous vendez pas les secours que vous
« vous devez réciproquement, en exigeant l'in-
« térêt d'un prêt dont la charité vous fait un de-
« voir. » C'est là le vrai sens du passage en
question. L'obligation de prêter sans intérêt et

celle de prêter sont évidemment relatives l'une
à l'autre. Elles sont du même ordre, et toutes
deux énoncent un devoir de charité, et non un
précepte de justice rigoureuse, applicable à tous
les cas où l'on peut prêter.

On peut d'autant moins en douter, que ce
passage se trouve dans le même chapitre, à la
suite de toutes ces maximes connues sous le nom
de *Conseils évangéliques*, que tout le monde
convient n'être proposés que comme un moyen
d'arriver à une perfection à laquelle tous ne sont
pas appelés, et qui, même pour ceux qui y seraient appelés, ne sont point applicables, dans
leur sens littéral, à toutes les circonstances de
la vie. « Faites du bien à ceux qui vous haïssent ;
« bénissez ceux qui vous maudissent ; si l'on
« vous donne un soufflet, tendez l'autre joue ;
« laissez prendre votre habit à celui qui vous
« ôte votre tunique ; donnez à quiconque vous
« demande, et quand on vous ôte ce qui est à
« vous, ne le réclamez pas. » C'est après toutes
ces expressions, et dans le même discours,
qu'on lit le passage sur le prêt gratuit, conçu en
ces termes : *Verum tamen diligite inimicos
vestros; benefacite, et mutuum date nihil inde
sperantes, et erit merces vestra multa et eri-*

tis filii Altissimi, quia ipse benignus est super ingratos et malos. « Aimez vos ennemis, soyez
« bienfaisants, et prêtez sans en espérer aucun
« avantage ; et votre récompense sera grande,
« et vous serez les fils du Très-Haut, parce que
« lui-même fait du bien aux ingrats et aux mé-
« chants. » Ce passage, rapporté tout au long, en dit peut-être plus que toutes les discussions aux-quelles je me suis livré ; et il n'est pas concevable que, personne ne s'étant jamais avisé de regarder les autres maximes répandues dans ce chapitre, et que j'ai citées, comme des préceptes de justice rigoureuse, on s'obtine à vouloir interpréter différemment les expressions qui concernent le prêt gratuit.

Il faudrait trop de temps pour développer avec le même détail les passages de l'Ancien Testament que les théologiens citent encore à l'appui des mêmes préjugés : on doit les expliquer de la même manière ; et ce qui le prouve incontestablement, c'est la permission expresse, dans les lois de Moïse, de prêter à intérêt aux étrangers. *Non fœnerabis fratri tuo ad usuram pecuniam, ne fruges, ne quamlibet aliam rem, sed alieno.* « Tu ne prêteras point à ton frère à
« intérêt ni de l'argent, ni des fruits, ni au-

« cune autre chose, mais à l'étranger. » La loi
divine n'a certainement pas pu permettre expressément aux Juifs de pratiquer avec les étrangers
ce qui aurait été défendu par le droit naturel.
Dieu ne peut autoriser l'injustice. Je sais que
quelques théologiens ont eu assez peu de bon
sens pour dire le contraire. Mais cette réponse,
vraiment scandaleuse, ne fait que prouver leur
embarras, et laisser à l'objection la force d'une
vraie démonstration aux yeux de ceux qui ont
des notions saines de Dieu et de la justice.

XXIX.

Véritable origine de l'opinion qui condamne le prêt à intérêt.

Il se présente ici une réflexion. Comment a-
t-il pu arriver que, malgré l'évidence et la simplicité des principes qui établissent la légitimité
du prêt à intérêt, malgré la futilité des sophismes
qu'on a entassés pour obscurcir une chose si clai-
re, l'opinion qui le condamne ait pu se répandre
aussi généralement, et flétrir presque partout le
prêt à intérêt, sous le nom d'usure? On conçoit

aisément que l'autorité des théologiens rigides a beaucoup contribué à étendre cette opinion et à l'enraciner dans les esprits; mais comment ces théologiens eux-mêmes ont-ils pu se tromper aussi grossièrement? Cette erreur a sans doute une cause; et il est important de la développer, pour achever d'approfondir le sujet de l'usure, et de le considérer sous toutes les faces. La source du préjugé des théologiens n'est pas difficile à trouver. Ils n'ont imaginé des raisons pour condamner l'usure ou le prêt à intérêt que parce qu'elle était déjà flétrie par le cri des peuples, auxquels les usuriers ont été de tout temps odieux. Il est dans la nature des choses et des hommes qu'ils le deviennent. Car, quoiqu'il soit doux de trouver à emprunter, il est dur d'être obligé de rendre. Le plaisir d'être secouru dans son besoin passe avec la satisfaction de ce besoin; bientôt le besoin renaît, la dette reste, et le poids s'en fait sentir à tous les instants, jusqu'à ce qu'on ait pu s'acquitter. De plus, on ne prête jamais qu'un superflu, et on emprunte souvent le nécessaire; et quoique la justice rigoureuse soit entièrement pour le prêteur-créancier, qui ne réclame que ce qui est à lui, l'humanité, la commisération, la faveur, penchent toujours pour le débiteur. On sent que celui-ci, en rendant, sera réduit à la dernière misère, et que le créancier peut vivre malgré la privation de ce qui lui est dû. Ce sentiment a lieu lors même que le prêt a été purement gratuit, à plus forte raison lorsque, le secours donné à l'emprunteur ne l'ayant été que sous la condition d'un intérêt, il a reçu le prêt sans reconnaissance : c'est alors qu'il souffre avec amertume et avec indignation les poursuites que fait contre lui son créancier pour l'obliger à rendre. Dans les sociétés naissantes, lorsque l'on connaît à peine le commerce, et encore aujourd'hui, dans celles où le commerce n'est pas très animé, il y a peu d'entreprises lucratives; on emprunte peu pour elles; on ne le fait guère que pour satisfaire à un besoin pressant. Le pauvre et l'homme dérangé empruntent; l'un et l'autre ne peuvent rendre qu'en conséquence d'événements heureux, ou par le moyen d'une extrême économie : l'un et l'autre sont donc souvent insolvables, et le prêteur court des risques d'autant plus grands. Plus le prêteur risque de perdre son capital, plus il faut que l'intérêt soit fort pour contrebalancer ce risque par l'appât du profit. Il faut gagner sur l'intérêt qu'on tire du petit nombre d'emprunturs solides le capital et les intérêts qu'on perdra par la banqueroute de ceux qui ne le seront pas. Ainsi, plus le besoin qui fait emprunter est urgent, plus l'intérêt est fort. C'est par cette raison que l'intérêt à Rome était excessif. Celui de 12 pour 100 passait pour très modéré. On sait que ce même intérêt de 12 pour 100 a été long-temps en France l'intérêt courant. Avec un intérêt aussi fort, quiconque ne fait pas un emploi prodigieusement lucratif de l'argent qu'il emprunte, quiconque emprunte pour vivre ou pour dépenser est bientôt entièrement ruiné et réduit à l'impuissance absolue de payer. Il est impossible que dans cet état le créancier qui lui redemande son dû ne lui soit pas odieux. Il le serait quand même il ne redemanderait que la somme précise qu'il a prêtée : car, à qui ne peut rien payer, il est égal qu'on lui demande peu ou beaucoup. Mais alors le débiteur n'oserait pas avouer cette haine; il sentirait quelle injustice atroce il y aurait à se faire du bienfait un titre pour haïr le bienfaiteur; il ne pourrait se cacher que personne ne partagerait une haine aussi injuste et ne compatirait à ses plaintes. S'il les fait tomber au contraire sur l'énormité des intérêts que le créancier a exigés de lui en abusant de son besoin, il trouve dans tous les cœurs la faveur qu'inspire la pitié, et la haine contre l'usurier devient une suite de cette pitié. Cette haine est d'autant plus générale que le nombre des indigents emprunteurs est plus grand, et celui des riches prêteurs plus petit. On voit que, dans les dissensions entre le peuple et les grands qui ont agité si longtemps la république romaine, le motif le plus réel des plaintes du peuple était l'énormité des usures, et la dureté avec laquelle les patriciens exigeaient le paiement de leurs créances. La fameuse retraite sur le mont Sacré n'eut pas d'autre cause. Dans toutes les républiques anciennes, l'abolition des dettes fut toujours le vœu du peuple et le cri des ambitieux qui captaient la faveur populaire. Les riches furent quelquefois obligés de l'accorder pour calmer la fougue du peuple, et prévenir des révolutions plus terribles. Mais c'était encore un risque de plus pour les prêteurs, et par conséquent l'intérêt de l'argent n'en devenait que plus fort.

La dureté avec laquelle les lois, toujours faites par les riches, autorisaient à poursuivre les débiteurs, ajoutait infiniment à l'indignation du peuple débiteur contre les usures et les usuriers. Tous les biens et la personne même du débiteur étaient affectés à la sûreté de la dette. Quand il était insolvable, il devenait l'esclave de son créancier ; celui-ci était autorisé à le vendre à son profit, et à user à son égard du pouvoir illimité que l'ancien droit donnait au maître sur l'esclave, lequel s'étendait jusqu'à le faire mourir arbitrairement. Un tel excès de rigueur ne laissait envisager aux malheureux obérés qu'un avenir plus affreux que la mort, et l'impitoyable créancier lui paraissait le plus cruel de ses ennemis. Il était donc dans la nature des choses que l'usurier ou le prêteur à intérêt fût partout l'objet de l'exécration publique, et regardé comme une sangsue avide, engraissée de la substance et des pleurs des malheureux.

Le christianisme vint, et rappela les droits de l'humanité, trop oubliés. L'esprit d'égalité, l'amour de tous les hommes, la commisération pour les malheureux, qui forment le caractère distinctif de cette religion, se répandirent dans les esprits : le riche fut adouci, le pauvre fut secouru et consolé. Dans une religion qui se déclarait la protectrice des pauvres, il était naturel que les prédicateurs, en se livrant à l'ardeur de leur zèle, adoptassent une opinion qui était devenue le cri du pauvre, et que, n'envi-

sageant point le prêt à intérêt en lui-même et
dans ses principes, ils le confondissent avec la
dureté des poursuites exercées contre les débiteurs insolvables. De là, dans les anciens doc-
teurs de l'église, cette tendance à regarder le
prêt à intérêt comme illicite, tendance qui cependant n'alla pas (et il est important de le remarquer) jusqu'à regarder cette opinion comme
essentiellement liée avec la foi. Le droit romain, tel que nous l'avons, rédigé dans un
temps où le christianisme était la seule religion de l'empire, et dans lequel le prêt à intérêt est expressément autorisé, prouve incontestablement que ce prêt n'était point proscrit par
la religion.

Cependant l'opinion la plus rigide et la plus
populaire prit peu à peu le dessus, et le plus
grand nombre des théologiens s'y rangea, surtout dans les siècles d'ignorance qui suivirent.
Mais, tandis que le cri des peuples contre le prêt
à intérêt le faisait proscrire, l'impossibilité de
l'abolir entièrement fit imaginer la subtilité de
l'aliénation du capital; et c'est ce système qui,
étant devenu presque général parmi les théologiens, a été adopté aussi par les jurisconsultes,
à raison de l'influence beaucoup trop grande

qu'ont eue sur notre jurisprudence et notre législation les principes du droit canon.

Dans cette espèce de génération des opinions contraires au prêt à intérêt, on voit que les peuples, poursuivis par d'impitoyables créanciers, ont imputé leur malheur à l'usure, et l'ont regardée d'un œil de haine; que les personnes pieuses et les prédicateurs ont partagé cette impression et déclamé contre l'usure; que les théologiens, persuadés par ce cri général que l'usure était condamnable en elle-même, ont cherché des raisons pour prouver qu'elle devait être condamnée, et qu'ils en ont trouvé mille mauvaises, parce qu'il était impossible d'en trouver une bonne; qu'enfin les jurisconsultes, entraînés par leur respect pour les décisions des théologiens, ont introduit les mêmes principes dans notre législation.

XXX.

Affaiblissement des causes qui avaient rendu le prêt à intérêt odieux aux peuples.

Cependant les causes qui avaient autrefois rendu odieux le prêt à intérêt ont cessé d'agir avec autant de force. L'esclavage étant aboli parmi nous, l'insolvabilité a eu des suites moins cruelles; elle n'entraine plus la mort civile ni la perte de la liberté. La contrainte par corps, que nous avons conservée, est, à la vérité, une loi dure et cruelle pour le pauvre; mais la dureté en a du moins été mitigée par beaucoup de restrictions et bornée à un certain ordre de créances. La suppression de l'esclavage a donné aux arts et au commerce une activité inconnue aux peuples anciens, chez lesquels chaque particulier aisé faisait fabriquer par ses esclaves presque tout ce dont il avait besoin. Aujourd'hui l'exercice des arts mécaniques est une ressource ouverte à tout homme laborieux. Cette foule de travaux et les avances qu'ils exigent nécessairement présentent de tous côtés à l'argent des emplois lucratifs. Les entreprises du commerce, multipliées à l'infini, emploient des capitaux immenses. Les pauvres que l'impuissance de travailler réduit à une misère absolue trouvent dans le superflu des riches, et dans les charités de toute espèce dont la religion a multiplié les établissements, des secours qui ne paraissent pas avoir eu lieu chez les peuples de l'antiquité, et qui, en effet, y étaient moins nécessaires, puisque, par la constitution des sociétés, le pauvre, réduit au dernier degré de la misère, tombait naturellement dans l'esclavage. D'un autre côté, l'immensité des capitaux accumulés de siècle en siècle par l'esprit d'économie inséparable du commerce, et grossis surtout par l'abondance des trésors apportés de l'Amérique, a fait baisser dans toute l'Europe le taux de l'intérêt (1). De toutes ces circonstances réunies il est résulté que les emprunts faits par le pauvre pour subsister ne sont plus qu'un objet à peine sensible dans la somme totale des emprunts ; que la plus grande partie des prêts se font à l'homme riche, ou du moins à l'homme industrieux, qui espère

______

(1) Voyez l'introduction, pages 11 et 12.

se procurer de grands profits par l'emploi de l'argent qu'il emprunte. Dès lors le prêt à intérêt a dû devenir moins odieux, puisque, par l'activité du commerce, il est devenu au contraire une source d'avantages pour l'emprunteur. Aussi s'est-on familiarisé avec lui dans toutes les villes de commerce, au point que les magistrats et les théologiens même en sont venus à le tolérer. La condamnation du prêt en lui-même, ou de l'intérêt exigé sans aliénation du capital, est devenue une spéculation abandonnée aux théologiens rigoristes, et, dans la pratique, toutes les opérations et de commerce et de finance roulent sur le prêt à intérêt sans aliénation du capital.

XXXI.

A quel genre d'usure se borne aujourd'hui la flétrissure attachée au nom d'usurier?

Le nom d'usurier ne se donne presque plus, dans la société, qu'aux prêteurs à la petite semaine, à cause du taux élevé de l'intérêt qu'ils exigent; à quelques fripiers, qui prêtent sur gages aux petits bourgeois et aux artisans dans la détresse ; enfin à ces hommes infâmes qui font métier de fournir, à des intérêts énormes, aux enfants de famille dérangés, de quoi subvenir à leur libertinage et à leurs folles dépenses. Ce n'est plus que sur ces trois espèces d'usuriers que tombe la flétrissure attachée à ce nom, et eux seuls sont encore quelquefois les objets de la sévérité des lois anciennes qui subsistent contre l'usure. De ces trois sortes d'usuriers, il n'y a cependant que les derniers qui fassent dans la société un mal réel. Les prêteurs à la petite semaine fournissent aux agents d'un commerce indispensable les avances dont ceux-ci ne peuvent se passer, et, si ce secours est mis à un prix très haut, ce haut prix est la compensation des risques que court le capital par l'insolvabilité fréquente des emprunteurs, et de l'avilissement attaché à cette manière de faire valoir son argent : car cet avilissement écarte nécessairement de ce genre de commerce beaucoup de capitalistes dont la concurrence pourrait seule diminuer le taux de l'intérêt. Il ne reste que ceux qui se déterminent à passer par-dessus la honte, et qui ne s'y déterminent que par l'assurance d'un grand profit. Les petits marchands qui empruntent ainsi à la petite semaine sont bien loin de se plaindre des prêteurs, dont ils ont à tout moment besoin, et qui, au fond, les mettent en état de gagner leur vie : aussi la police et le ministère public les laissent-ils fort tranquilles. Les prêteurs sur gage à gros intérêts, les seuls qui prêtent véritablement au pauvre pour ses besoins journaliers, et non pour le mettre en état de gagner, ne font point le même mal que ces anciens usuriers qui conduisaient par degrés à la misère et à l'esclavage les pauvres citoyens auxquels ils avaient procuré des secours funestes. Celui qui emprunte sur gage emprunte sur un effet dont il lui est absolument possible de se passer. S'il n'est pas en état de rendre le capital et les intérêts, le pis qui puisse lui arriver est de perdre son gage, et il ne sera pas beaucoup plus malheureux qu'il n'était. Sa pauvreté le soustrait à toute autre poursuite. Ce n'est guère contre le pauvre qui emprunte pour vivre que la contrainte par corps peut être exercée. Le créancier, qui pouvait réduire son débiteur en esclavage, y trouvait un profit : c'était un esclave qu'il acquérait. Mais, aujourd'hui, le créancier sait qu'en privant son débiteur de la liberté, il n'y gagnera autre chose que d'être obligé de le nourrir en prison : aussi ne s'avise-t-on pas de

faire contracter à un homme qui n'a rien, et qui
est réduit à emprunter pour vivre, des engagements qui emportent la contrainte par corps:
elle n'ajouterait rien à la sûreté du prêteur. La
seule sûreté vraiment solide contre l'homme
pauvre est le gage, et l'homme pauvre s'estime
heureux de trouver un secours pour le moment,
sans autre danger que de perdre ce gage. Aussi
le peuple a-t-il plutôt de la reconnaissance que
de la haine pour ces petits usuriers qui le secou-
rent dans son besoin, quoiqu'ils lui vendent assez cher ce secours. Je me souviens d'avoir été,
à la Tournelle, rapporteur d'un procès criminel
pour fait d'usure. Jamais je n'ai été tant sollicité
que je le fus pour le malheureux accusé, et je
fus très surpris de voir que ceux qui me sollici-
taient avec tant de chaleur étaient ceux-là mêmes
qui avaient essuyé les usures qui faisaient l'objet
du procès. Le contraste d'un homme poursuivi
criminellement pour avoir fait à des particuliers
un tort dont ceux-ci non seulement ne se plaignaient pas, mais même témoignaient de la reconnaissance, me parut singulier, et me fit faire
bien des réflexions.

XXXII.

Les usuriers qui font métier de prêter aux enfants de famille dérangés sont les seuls qui soient vraiment nuisibles à la société. Leur véritable crime n'est point l'usure. En quoi il consiste.

Les seuls usuriers qui soient vraiment nuisibles à la société sont donc, comme je l'ai déjà dit, ceux qui font métier de prêter aux jeunes gens dérangés; mais je n'imagine pas que personne pense que leur crime soit de prêter à intérêt sans aliénation du capital, ce qui, suivant les théologiens et les jurisconsultes, constitue l'usure. Ce n'est pas non plus de prêter à un intérêt plus fort que le taux légal : car, prêtant sans aucune sûreté, ayant à craindre que les pères ne refusent de payer et que les jeunes gens eux-mêmes ne réclament un jour contre leurs engagements, il faut bien que leurs profits soient proportionnés à leurs risques. Leur véritable crime est donc non pas d'être usuriers, mais de faciliter et d'encourager pour un vil intérêt les désordres des jeunes gens, et de les conduire à l'alternative de se ruiner ou de se déshonorer. S'ils doivent être punis, c'est à ce titre, et non à cause de l'usure qu'ils ont commise.

XXXIII.

La défense de l'usure n'est point le remède qu'il faut apporter à ce désordre, et d'autres lois y pourvoient suffisamment.

Les lois contre l'usure proprement dite ne sont donc d'aucune utilité pour arrêter ce désordre, qui est punissable par lui-même ; elles ne sont pas même utiles pour obvier à la dissipation de la fortune des jeunes gens qui ont emprunté de cette manière ruineuse, par la rupture de leurs engagements : car, sans examiner s'il est vraiment utile que la loi offre contre des engagements volontaires des ressources dont il est honteux de profiter (question très susceptible de doute), la loi, qui déclare les mineurs incapables de s'engager, rend superflue toute autre précaution. Ce ne sont pas ordinairement les personnes d'un âge mûr qui se ruinent de cette

manière, et, en tout cas, c'est à eux, et non pas
à la loi, à s'occuper du soin de conserver leur
patrimoine. Au reste, le plus sûr rempart contre
la dissipation des enfants de famille sera toujours
la bonne éducation que les parents doivent leur
donner.

XXXIV.

*Conséquences de ce qui a été dit sur les vraies
causes de la défaveur du prêt à intérêt, et
sur les changements arrivés à cet égard dans
les mœurs publiques.*

Après avoir prouvé le légitimité du prêt à
intérêt par les principes de la matière, et après
avoir montré la frivolité des raisons dont on s'est
servi pour le condamner, je n'ai pas cru inutile de
développer les causes qui ont répandu sur le prêt à
intérêt cet odieux et cette défaveur sans lesquels
ni les théologiens ni les jurisconsultes n'auraient
songé à le condamner. Mon objet a été d'apprécier exactement les fondements de cette défaveur, et de reconnaître si, en effet, le prêt
à intérêt produit dans la société des maux que

les lois doivent chercher à prévenir, et qui doivent engager à le proscrire. Il résulte, ce me semble, des détails dans lesquels je suis entré, que ce qui rendait l'usure odieuse dans les anciens temps tenait plus au défaut absolu du commerce, à la constitution des anciennes sociétés, et surtout aux lois, qui permettaient au créancier de réduire son débiteur en esclavage, qu'à la nature même du prêt à intérêt. Je crois avoir prouvé encore que, par les changements survenus dans le commerce, dans les mœurs et dans la constitution des sociétés, le prêt à intérêt ne produit dans la société aucun mal qu'on puisse imputer à la nature de ce contrat, et que, dans le seul cas où les pratiques usuraires sont accompagnées de quelque danger réel, ce n'est point dans l'usure proprement dite que résident le crime et le danger, et que les lois peuvent y pourvoir sans donner aucune restriction à la liberté du prêt à intérêt.

XXXV.

Conséquence générale. Aucun motif ne doit porter à défendre le prêt à intérêt.

Je suis donc en droit de conclure qu'aucun motif solide ne pourrait aujourd'hui déterminer la législation à s'écarter, en proscrivant le prêt à intérêt, des principes du droit naturel qui le permettent : car tout ce qu'il n'est pas absolument nécessaire de défendre doit être permis.

XXXVI.

L'intérêt est le prix de l'argent dans le commerce, et ce prix doit être abandonné au cours des événements, aux débats du commerce.

Si l'on s'en tient à l'ordre naturel, l'argent doit être regardé comme une marchandise que le propriétaire est en droit de vendre ou de louer : par conséquent la loi ne doit point exiger, pour autoriser la stipulation de l'intérêt, l'aliénation du capital. Il n'y a pas plus de raison pour qu'elle fixe le taux de cet intérêt. Ce taux doit être, comme le prix de toutes les choses. commerçables, fixé par le débat entre les deux contractants et par le rapport de l'offre à la demande. Il n'est aucune marchandise sur laquelle l'administration la plus éclairée, la plus minutieusement prévoyante et la plus juste, puisse répondre de balancer toutes les circonstances qui doivent influer sur la fixation du prix, et d'en établir un qui ne soit pas au désavantage ou du vendeur ou de l'acheteur. Or le taux de l'intérêt est encore bien plus difficile à fixer que le prix de toute espèce de marchandise, parce que ce taux tient à des circonstances et à des considérations plus délicates encore et plus variables, qui sont celle du temps où se fait le prêt, et celle de l'époque à laquelle le remboursement sera stipulé, et surtout celle du risque ou de l'opinion du risque que le capital doit courir. Cette opinion varie d'un instant à l'autre : une alarme momentanée, l'événement de quelques banqueroutes, des bruits de guerre, peuvent répandre une inquiétude générale qui enchérit subitement toutes les négociations d'argent. L'opinion et la réalité du risque varient encore plus d'un homme à l'autre, et augmentent ou diminuent dans tous les degrés possibles. Il doit donc y avoir autant de variations dans le taux de l'intérêt. Une marchandise a le même prix pour tout le monde, parce que tout le monde la paie avec la même monnaie, et les marchandises d'un usage général, dont la production et la consommation se proportionnent naturellement l'une à l'autre, ont long-temps à peu près le même prix. Mais l'argent, dans le prêt, n'a le même prix ni pour tous les hommes ni dans tous les temps, parce que, dans le prêt, l'argent ne se paie qu'avec *une promesse*, et que, si l'argent de tous les acheteurs se ressemble, les promesses de tous les emprunteurs ne se ressemblent pas. Fixer par une loi le taux de l'intérêt, c'est priver de la ressource de l'emprunt quiconque ne peut offrir une sûreté proportionnée à la modicité de l'intérêt fixé par la loi : c'est, par conséquent, rendre impossible une foule d'entreprises de commerce qui ne peuvent se faire sans risque du capital.

—

XXXVII.

L'intérêt du retard ordonné en justice peut être réglé par un simple acte de notoriété, sans qu'il soit besoin de fixer le taux de l'intérêt par une loi.

Le seul motif raisonnable qu'on allègue pour justifier l'usage où l'on est de fixer le taux de l'intérêt par une loi est la nécessité de donner aux juges une règle qui ne soit point arbitraire pour se conduire dans les cas où ils ont à prononcer sur les intérêts demandés en justice, en conséquence de la demeure de payer, ou bien lorsqu'il s'agit de prescrire à un tuteur à quel denier il peut placer l'argent de ses pupilles. Mais tout cela peut se faire sans une loi qui fixe irrévocablement et universellement le taux de l'intérêt. Quoique l'intérêt ne puisse être le même pour tous les cas, cependant il y a un intérêt qui varie peu, du moins dans un intervalle de temps peu considérable : c'est l'intérêt de l'argent placé avec une sûreté à peu près entière, telle que la donne une hypothèque solide, ou la solvabilité de certains négociants, dont la fortune, la sagesse et la probité sont universellement connues. C'est à cet intérêt que les juges doivent se conformer et se conforment en effet, lorsqu'ils prononcent sur les demandes d'intérêts judiciaires, ou sur les autorisations des tuteurs. Or, puisque le taux de cet intérêt varie peu, et est le même pour tous, il ne faut pas une loi pour le fixer : il suffit d'un acte de notoriété, qu'on peut renouveler chaque année. Quelques notaires et quelques négociants principaux donneraient au magistrat les lumières nécessaires pour fixer cette notoriété en connaissance de cause. Un acte de cette espèce fait dans chacune des villes où réside un parlement suffirait pour toute l'étendue du ressort.

XXXVIII.

L'imputation des intérêts prétendus usuraires sur le capital, et toutes les poursuites criminelles pour fait d'usure, devraient être abrogées.

Une conséquence immédiate de l'adoption

de ces principes serait l'abrogation de l'usage
où sont les tribunaux d'imputer sur le capital
les intérêts payés, ou sans aliénation du capital,
ou à un taux plus fort que celui de l'ordonnance.

Une seconde conséquence qu'on en tirerait à
plus forte raison serait la suppression de toute
poursuite criminelle sous prétexte d'usure. Ce
crime imaginaire serait effacé de la liste des
crimes.

XXXIX.

*Avantages qui résulteraient, pour le commerce
et la société en général, d'une loi entièrement conforme aux principes qui viennent
d'être développés.*

Le commerce de l'argent serait libre comme
doit l'être tout commerce. L'effet de cette liberté serait la concurrence, et l'effet de cette
concurrence serait le bas prix de l'intérêt, non
seulement parce que la honte et les risques attachés au prêt à intérêt sont une surcharge que
l'emprunteur paie toujours, de même que celui
qui achète des marchandises prohibées paie

toujours les risques du contrebandier ; mais encore parce qu'une très grande quantité d'argent, qui reste inutile dans les coffres, entrerait dans la circulation, lorsque le préjugé, n'étant plus consolidé par l'autorité des lois, aurait peu à peu cédé à la raison. L'économie en deviendrait d'autant plus active à accumuler des capitaux, lorsque le commerce d'argent serait un débouché toujours ouvert à l'argent. L'on ne peut aujourd'hui placer l'argent qu'en grosses parties. Un artisan est embarrassé de ses petites épargnes ; elles sont stériles pour lui jusqu'à ce qu'elles soient devenues assez considérables pour les placer. Il faut qu'il les garde, toujours exposé à la tentation de les dissiper au cabaret. Si le commerce d'argent acquérait le degré d'activité que lui donnerait la liberté entière et l'anéantissement du préjugé, il s'établirait des marchands d'argent qui le recueilleraient en petites sommes, qui rassembleraient dans les villes et dans les campagnes les épargnes du peuple laborieux, pour en former des capitaux et les fournir aux places de commerce, comme on voit des marchands ramasser de village en village, jusqu'au fond de la Normandie, le beurre et les œufs qui s'y produisent, et les aller vendre à

Paris. Cette facilité ouverte au peuple de faire
fructifier ses épargnes serait pour lui l'encouragement le plus puissant à l'économie et à la
sobriété, et lui offrirait le seul moyen qu'il ait
de prévenir la misère où le plongent les moindres accidents, les maladies, ou au moins la
vieillesse.

XL.

*Si des motifs de prudence peuvent empêcher
d'établir, quant à présent, par une loi, la liberté entière du prêt à intérêt, cette liberté
n'en est pas moins le but auquel l'administration doit tendre, et auquel il convient de
préparer les opinions du public. Nécessité
de donner dès à présent au commerce une entière sécurité contre l'exécution des lois rigoureuses portées en matière d'usure.*

La loi qui établirait ce nouvel ordre de choses est donc aussi désirable que juste, et plus favorable encore au peuple pauvre qu'au riche pécunieux.

Je ne dis pas cependant qu'il faille la rendre
à présent.

J'ai insinué que je sentais tous les ménagements qui peuvent être dus au préjugé, surtout à un préjugé que tant de personnes croient lié à des principes respectables.

Mais j'ose dire que cette liberté entière du prêt à intérêt doit être le but plus ou moins éloigné du gouvernement :

Qu'il faut s'occuper de préparer cette révolution en changeant peu à peu les idées du public, en favorisant les écrits des jurisconsultes éclairés et des théologiens sages qui adopteront une doctrine plus modérée et plus juste sur le prêt à intérêt;

Et qu'en attendant qu'on ait pu atteindre ce but, il faut s'en rapprocher autant qu'il est possible.

Il faut, sans heurter de front le préjugé, cesser de le soutenir, et surtout en éluder l'effet, et garantir le commerce de ses fâcheuses influences.

XLI.

Il paraît convenable d'abroger par une loi toute poursuite criminelle pour fait d'usure; mais il est du moins indispensable d'interdire absolument cette accusation dans tous les prêts faits à l'occasion du commerce ou à des commerçants.

La voie la plus directe pour y parvenir, et celle à laquelle j'avoue que j'inclinerais beaucoup, serait d'interdire entièrement, par une loi, toute poursuite criminelle pour fait d'usure. Je ne crois pas impossible de rédiger cette loi, et le préambule qui doit l'annoncer, de façon à conserver tous les ménagements nécessaires pour les principes reçus.

Si cependant on y trouvait de la difficulté, il me paraît au moins indispensable de défendre d'admettre l'accusation d'usure dans tous les cas de négociations d'argent faites à l'occasion du commerce, et dans tous ceux où celui qui emprunte exerce soit le commerce, soit toute autre profession dans laquelle l'argent peut être employé d'une manière lucrative.

Cette disposition renfermerait ce qui est absolument nécessaire pour mettre le commerce à l'abri des révolutions que pourrait occasioner la diversité des opinions sous le régime arbitraire de la jurisprudence actuelle.

En même temps elle serait bornée au pur nécessaire; et je ne la crois susceptible d'aucune difficulté, lorsque, d'un côté, les principes reçus relativement à l'intérêt de l'argent resteront les mêmes quant aux affaires civiles ordinaires qui n'ont point de rapport au commerce, et que, de l'autre, on donnera pour motif de la loi la nécessité d'assurer les engagements du commerce contre les abus de la mauvaise foi, et de ne plus faire dépendre d'une jurisprudence arbitraire le sort des négociants autorisés par l'usage constant de toutes les places, usage qu'on ne peut prohiber sans risquer d'interrompre la circulation et le cours ordinaire du commerce.

Il me semble que les idées du public, et même celles de tous les tribunaux accoutumés à juger des affaires de commerce, ont déjà suffisamment préparé les voies à cette loi; et j'imagine qu'elle n'éprouverait aucune résistance, pour peu que l'on employât d'adresse à la rédiger de façon à paraître respecter les principes précédemment reçus.

(Les onze paragraphes suivants sont consacrés à proposer et à discuter les moyens à prendre pour mettre fin aux désordres survenus à Angoulème, et pour en prévenir le retour dans cette localité.)

LIII.

Conclusion et avis.

Pour me résumer sur l'objet principal de ce Mémoire, mon avis se réduit à proposer d'évoquer au conseil les accusations d'usure pendantes au sénéchal d'Angoulème, et d'en renvoyer la connaissance à une commission particulière du conseil, laquelle serait en même temps chargée de rédiger une déclaration pour fixer la jurisprudence sur l'usage du prêt à intérêt dans le commerce.

(Les procédures entamées à Angoulème fu-

rent annulées par le conseil d'état, qui défendit
en outre d'en entamer de pareilles à l'avenir;
mais la réforme demandée dans la législation
n'eut point lieu.)

FIN.

ERRATUM.

Page 36, ligne 2, *de cette opinion*, lisez *de l'opinion à cet égard.*

www.ingramcontent.com/pod-product-compliance
Ingram Content Group UK Ltd.
Pitfield, Milton Keynes, MK11 3LW, UK
UKHW020128130726
13696UKWH00001B/250